行走在无形无垠的宇宙　　向京 等著

GUANGXI NORMAL UNIVERSITY PRESS
广西师范大学出版社
·桂林·

惊奇 wonder BOOKS

行走在无形无垠的宇宙　　　　出版统筹　周昀　｜责任编辑　张玉琴
XINGZOU ZAI WUXING　　　　特约编辑　赵金　｜封面设计　XYZ Lab
WUYIN DE YUZHOU

图书在版编目 (CIP) 数据

行走在无形无垠的宇宙 / 向京等著 . -- 桂林：广
西师范大学出版社，2023.3
　ISBN 978-7-5598-5810-8

　Ⅰ . ①行… Ⅱ . ①向… Ⅲ . ①艺术家 – 访问记 – 中国
– 现代 Ⅳ . ① K825.7

中国国家版本馆 CIP 数据核字 (2023) 第 027971 号

出版发行　广西师范大学出版社
　　　　　地址：广西桂林市五里店路 9 号
　　　　　邮编：541004
　　　　　网址：www.bbtpress.com

出版人　　黄轩庄
经销　　　全国新华书店
发行热线　010-64284815
印刷　　　山东临沂新华印刷物流集团有限责任公司
　　　　　地址：山东临沂高新技术产业开发区工业北路东段
　　　　　邮编：276017
开本　　　787mm×1092mm　1/32
印张　　　7
字数　　　123 千字
版次　　　2023 年 3 月第 1 版
印次　　　2023 年 3 月第 1 次印刷
定价　　　49.00 元

如发现印装质量问题，影响阅读，请与出版社发行部门联系调换。

人物介绍（按出场先后顺序）

林白　出生于 1958 年，原名林白薇，广西北流人，当代作家，毕业于武汉大学，现居北京和武汉两地。19 岁开始写诗，后以小说创作为主。1994 年发表长篇小说《一个人的战争》，被认为是"个人化写作"和"女性写作"的代表性人物之一。

向京　1968 年生于北京，1995 年毕业于中央美术学院雕塑系。现工作、生活于北京。
与其说向京是个"女性主义"艺术家，不如说她是个带有女性视角和女性意识的艺术家，但这都不是重点，她作品里透露出的不安感，是对于现代性下人性的迷雾和对于生存本身的不断确认——"内在性"是她所企图挖掘的生存真相。在谈及"当代性与传统媒介""女性身份与普遍人性""观看与被看""内在欲望"等学术命题时，向京及其创作是个不可回避的个案。

陈嘉映　首都师范大学哲学系教授。先后就读于北京大学西方语言文学系、北京大学外国哲学研究所、美国宾夕法尼亚州立大学。先后任教于北京大学、华东师范大学、首都师范大学。研究领域是现代西方哲学，包括现象学（尤其是海德格尔哲学）、分析哲学（尤其是维特根斯坦哲学）、科学与哲学、伦理与道德哲学等。

凯伦·史密斯　英国艺术评论家及策展人，主要研究领域为 1979 年以后的中国当代艺术，曾为多份刊物及展览特刊撰写文章，并为艾未未、贾蔼力、马轲、史金淞等多位艺术家编撰个人作品集，同时著有多本有关中国当代艺术现状及其历史的著作。凯伦自 1992 年定居北京，曾在国内外为多位中国当代艺术家策划群展和个展，2012 年 8 月，凯伦受聘为华侨城西安当代艺术中心执行馆长。

赵川　作家、剧场编导、艺术评论家及活动策划人，颇具影响的戏剧团体"草台班"共同创建者，创作边缘但社会性极强的当代剧场作品；与草台班同人激励普通人投身剧场和创作，强调问题意识，以及艺术与社会生活的关联；同时涉足独立纪录片制作，与导演高子鹏、吴梦合作制作《上海青年》等。曾获台湾《联合文学》小说新人奖（2001），已在海内外出版小说、随笔和艺术理论书籍十数种，包括近年获推荐的《激进艺术小史》（2014）；受邀参加众多国际文学、艺术和戏剧节及相关活动，并于中国美院和苏黎世艺术大学等访学、任教。

王小雨　艺术撰稿人。

阿克曼　1974 年毕业于慕尼黑大学汉学系。1975—1977 年留学于北京大学历史系。1988 年，创建歌德学院北京分院并担任院长。1994 年赴莫斯科担任东欧中亚区歌德学院总院长；2000—2006 年在罗马任意大利区歌德学院总院长。2006—2011 年任中国区歌德学院总院长。2007—2010

年任"德中同行"项目的总监。目前为孔子学院总部特聘高级顾问和德国墨卡托基金会中国代表人。

阿克曼从 80 年代初开始与中国文化界交往,尤其关注中国当代文学和当代艺术的发展。他在德国和中国策划了几次当代水墨展。他翻译过莫言、张洁、王朔、刘震云等作家的作品。

魏星 自由策展人。毕业于英国伦敦大学戈德史密斯学院历史系。曾任职于当代唐人艺术中心,以及上海喜马拉雅美术馆,并作为艺术顾问参与建立以色列尧山当代艺术基金,现为自由职业者。

尤永 策展人。

黄专 生于 1958 年,卒于 2016 年。艺术史家及批评家,生前任广州美术学院教授及深圳 OCT 当代艺术中心主任。1982 年,黄专毕业于华中师范大学历史系,1988 年毕业于湖北美术学院中国美术史专业,获文学硕士学位;1985—1987 年参与《美术思潮》的编辑工作;1994—1996 年主持编辑《画廊》;自 1997 年起任何香凝美术馆馆聘研究员、策划人;2005 年开始出任何香凝美术馆辖下 OCT 当代艺术中心主任。

朱朱 诗人、艺术策展人、艺术批评家。生于 1969 年 9 月。曾获第二届安高(Anne Kao)诗歌大奖,第三届中国当代艺术奖评论奖(CCAA)。著有诗集、散文集、艺术评论集多种。

戴锦华 1959 年生于北京,毕业于北京大学中文系。现任北京大学中文系比较文学研究所教授，博士生导师。北京大学电影与文化研究中心主任。从事大众传媒、电影与性别研究。其学术专著有十余部，被译为英文、法文、德文、意大利文、西班牙文、日文等。

杭春晓　2006 年毕业于中国艺术研究院，获美术史博士学位，现任中国艺术研究院美术研究所研究员、博士生导师。

翟　晶　博士毕业于中央美术学院，现任首都师范大学美术学院副教授、硕士生导师。长期从事后殖民理论研究，从后殖民理论的角度研究当代艺术。

王春辰　中央美术学院教授、美术史学博士，现任中央美院美术馆副馆长，从事现代美术史及当代艺术理论与批评研究。

颜亦谦　博士毕业于美国芝加哥大学。研究范围包括古代绘画颜料的物质性和皮肤在当代美术中的含义。2016 年毕业后于爱荷华大学艺术学院担任访问助理教授，2019 年至今为美国耶鲁大学艺术史系助理教授、麦克米伦中心研究员、博士生指导老师。

郭晓彦　北京民生现代美术馆副馆长，民生当代艺术研究中心首席运营官。

林白：是不是要先谈谈作品？

向京：不一定。我就是反省很多人做画册的方式，自己把照片拍出来，然后找三四个、两三个批评家或者理论家，写几篇文章往里一放就算完成了，这种东西对艺术家来说不动脑子，对一些批评家来讲，是行活儿、应酬文章，有时他甚至没有时间对你的作品有什么研究。另外我也反感所谓的话语权，说话的权利都给别人了，连给你写批注的地儿都没有。所以我愿意寻找像谈话这种相对平等的、带有一种现场感的方式来做。琐琐碎碎说哪儿算哪儿，也许能碰出火花。

林白：我特别不能说，长期写东西的人越写越不能说。

向京：随便聊吧，比方说……我最近一次见你，特别意外，你可能不记得你怀孕的样子，我当时印象太强烈了——我从来没想过你会大肚子。记忆中的你还是1988年去美院附中为我做模特的时候那种文艺青年的形象，再见到时你突然编着一头像非洲人一样的小辫，可能因为怀孕脸都肿了，非常怪异，跟我想象中的样子很不一样。我始终弄不清哪个形象是你，这两个形象始终是矛盾的。可能是我不能接受我理想中一个艺术家变成了个浮肿的孕妇的现实感。

林白：你自己呢？想要小孩吗？摇摆的，还是根本就不考虑要孩子的那一种？

向京：我曾经很想要小孩。有一段时间非常害怕，到现在我变得拒绝了，我不知道你要小孩的想法是突然的还是有想过的？

林白：我三十岁以前是很不喜欢小孩的，三十岁以后就挺想要孩子的。到了现在四十多岁，就觉得特别庆幸，幸亏有那个孩子，一个女儿。挺好的，特别庆幸，每天都有这种庆幸，而且这种庆幸每天都是新的，一大早起来看到自己女儿坐在那儿心里就特别高兴。我所有重要的作品，都是生了女儿以后写的，《一个人的战争》《说吧，房间》《玫瑰过道》。实际上在文学界我也属于不停进步的那种，一直到今年还得了华语大奖什么的，写了那么多，到现在还能往前走，不知道是不是跟我女儿有关。

向京：她现在多大？

林白：她今年十四岁。在她之前我基本上没有什么重要作品，她是我的福星。怀孕的时候很害怕，怕生得不好，怕自己死掉，或者在产床上停电了，什么离奇古怪的想法都有。

向京：哈……很神经质吧？

林白：对，很神经质。现在我身边的女作家都很想要孩子，有的没有孩子就离了，离了以后很后悔当时没要一个孩子。还有一个作品很畅销的作家，她三十一岁没有了男朋友，她有卵巢囊肿，如果不怀孕这种病就不会好，她做了手术，打激素来压制囊肿，半年以后想要怀孕，都准备生私生子了。

向京：太恐怖了！

林白：年轻的时候觉得我这辈子肯定不会要孩子，第一不要结婚，第二不要孩子，非常坚定。肯定就是一心投入创作，艺术啊或者文学啊，肯定要有自己的成就的那种。

向京：我早先对你的印象完全是这样的！

林白：但到了三十多岁就变了，到了四十多岁觉得自己幸亏有了孩子。

向京：你女儿像你吗？

林白：嗯，不太像，反正她比我好，她爸爸说气质也比我好，长相也比我好，身材也比我好，样样都比我好，黑黑瘦瘦的，性格也比我好。

向京：你是自己生（顺产）的吗？

林白：剖宫产。别人都是自己带孩子所以很累，我跟别人不一样，家里一直有人帮着带，我不累。有了自己的一个孩子又不用自己辛苦。

向京：那你的孩子还是小婴儿的时候你也不管吗？

林白：管一点。她四个月我就出差了，就断了奶。

向京：那就是说，你生完孩子几乎就没停止过工作。

林白：没停止创作，她一满月我就开始写作。

向京：太厉害了！

林白：我对自己其实还是有要求的，所以到现在我就一直不停地进步，社会认可度也就越来越高了。我觉得她一点都没有妨碍我，反而是在心灵和精神上的一种滋补。有人说女的生完孩子就完蛋了，没有啊！反正我是生了女儿才开始，这一点我跟别人不一样。一个人他要怎么样的话，什么都不能阻挡，有孩子也不能阻挡。

向京：你是一个作家，你的工作条件很简单，一台电脑或有纸有笔就可以了，但做雕塑你必须离开家去工作室，很多材料都是有毒的，孕妇就不可能做东西了。

林白：是啊，你只能停止一年工作。有个孩子特别高兴，但是你的雕塑也是你的孩子，有的人有了孩子会很好，有的人没有孩子也一样会很好，人和人不一样。

向京：您的小孩应该是不到十岁？

陈嘉映：九岁。

向京：您以前也没有小孩吧？

陈嘉映：没有。这是第一个孩子。

向京：我看您的《无法还原的象》里面讲到，本来不期望过一种普通人的生活。

陈嘉映：我本来的确是没打算，但是生活都不是特别选择做什么，而是碰上什么是什么。

向京：小孩带来的改变其实特别大。

陈嘉映：非常之大……

向京：比结婚的改变要大多了。

陈嘉映：大多了。特别是现在，以前结婚有点像是两个家族结婚，现在就是两个单个的人，好像牵动不是那么大。

向京：小孩就太具体了，是全部的现实。

陈嘉映：以前出去旅行或者到什么地儿都说哪边没人往哪边去，现在都说这边人多往这边去。事实上我有一次真说了这话，我说这边人多去这边吧，当时朋友们都笑了。

向京：但是即便带小孩，您也愿意到处去旅游是吧？

陈嘉映：我们还是跑，一个是我自己喜欢跑，那就只好带着她。另外一个，小孩多跑跑呗。我那孩子也不是特别爱读书，就是东跑跑，西跑跑。

向京：整天带她去玩儿，她肯定更不爱读书了。

陈嘉映：是啊。读书也重要吧，可能。但是这也得看天性，不一定非要读。这个暑假我想带着（香香）他们到法国转一圈。以后在国内再跑跑。但是现在孩子也分，大多数的孩子到了十二三岁以后就不爱跟家里人跑了。我们这个年龄层生的孩子现在大多二十几岁了，那些孩子干什么家长基本都不知道。

向京：能给你打个电话就不错了。

陈嘉映：有的孩子不跟家长交流，跟我们还有点儿交流，他家长要来问我们那孩子在干吗。

*

向京：我有很长的一段时间不能接受我是一个女人这样一个现实，女的有太多太多问题和麻烦，所以我老是觉得，我要是生一女儿，又是一个翻版，她要重复我的一切，难受啊、痛苦啊，各种各样的感受，对我来讲是特别悲剧的一种人生。

林白：现在这个时代，一个女人可以很独立，女性的悲剧不见得比男性的悲剧更强烈。

向京：那你女儿是那种能做自己想做的事情的人吗？

林白：我觉得是，昨天她说长大要当批评家，我觉得好，当个女批评家。

向京：小孩反正挺神的！我和我的学生有时候处得更像朋友，嘻嘻哈哈乱七八糟那种，我本来也不是特别喜欢当老师，只是觉得跟年轻人在一起特好玩，很容易就混入其中。

林白：感受到他们的活力。

向京：年轻人那种生命力太有锋芒，太有杀伤力。

林白：他们那种生命力对你有杀伤吗？

向京：对，年轻就像一把刀，闪闪的很有力量，但你也会不小心被他们伤着。

林白：没关系，我不怕，我现在交的朋友都是七四、七五、八二年出生的，特年轻。比较隐私的事情她们会告诉我，我的隐私也可以告诉她们，都是小朋友，她们有锋芒我不怕。

＊

林白：你十几岁的时候反叛吗？

向京：太反叛了，反叛得一塌糊涂，跟我妈吵架，闹得一塌糊涂，在学校也是，跟老师吵架、打架什么的都有。

林白：呵呵……那么狠啊！1988 年我认识你时你多大了？

向京：1988 年，我二十了。

林白：那已经过了这个反叛的时候了。

向京：实际上还在那个当中，你当时是那么有气质的一个女作家，我很心仪，就是我理想中的文艺青年的样子。

＊

凯伦·史密斯：能描述一下自己对 80 年代的记忆吗？你又是如何获得形成你现在艺术表现手法的那些经验的？

向京：80 年代对我的影响之大，让我觉得直到现在我身上还有 80 年代的影子。因为有个时间跨度，加上当时的年纪还小，我眼里的 80 年代，有点近似西方多姿多彩的 60 年代，是个自由思想的纯真年代。那时中国文化开始复苏、变革，就好像长时间沉睡之后一下子苏醒过来了一样，进入了一个既熟悉又不熟悉的崭新阶段。当时，我们什么都想尝试，而且相信自己什么都能做得到。（中央美院）附中是一所寄宿学校，所以我所有的时间都和同学们在一起，我们喜欢和中央美院的学生一起出去。学校在中国美术馆旁边，离北京人民艺术剧院、中央戏剧学院很近。我常去看话剧，既有传统的，也有很前卫。对中国文化来讲，那是一个黄金年代，至少对我这样一个看客来说是这样。在我成长的最重要的阶段遇到这些对我有根本性的影响，它塑造了我的思考方式。

凯伦·史密斯：这种影响和你的成长有一定关系吗？我知道因为你父母从事的工作，你接触到很多文化人，也听到过他们讨论知识分子或者艺术家圈子之外的人不曾遇到过的想法。

向京：我父亲在电影界工作。他主要从事电影理论研究，曾在《人民电影》杂志工作，那是当时唯一的电影杂志。杂志后来更名为《大众电影》，我毕业后也在这家杂志社工作过三年。他有很多从事电影工作的朋友，包括第四代、第五代和第六代导演们。后来他也写剧本。而我母亲也有很多作家朋友。我感觉我成长的过程中，身边发生的所有事情都和当时的文化有关系。

凯伦·史密斯：在美院的学生生活，你肯定也意识到了，有很多交谈和课外活动吧？

向京：对，但是很多事情都是出于我的本能，那个时代有可能发生的事，以及学校所在的地理位置都是一种机缘。我对音乐的爱好就是从附中开始的。学校旁边有一条街，叫隆福寺，是北京最早的商业街，那是最早你可以找到出售同流行文化有关的商品的地方，比如音乐磁带。我们上课的时候，如果窗户开着，经常能听见从外面商店里传来的港台流行音乐的声音。我有一个同学，因为失眠，他包下了校园的广播站，早起给大家放音乐，他的哥哥在美国，所以他有很多国外乐队的磁带，比如 Beatles（披头士乐队）、Micheal Jackson（迈克尔·杰克逊），我就是那时知道的。

凯伦·史密斯：这是当时学生的普遍状态吗？

向京：我觉得上几届学生，包括洪浩［洪浩，生于1965年，艺术家——本书注释均为编者注］和刘小东［刘小东，生于1963年，艺术家］他们，学习都很认真，每天都在画画。从我们这一届开始，学校里开始有舞会，跳迪斯科，整天只想着玩，经常是整夜地跳舞，到处去参加各种各样的活动，比如温普林［温普林，生于1957年，艺术家］他们举办的各种活动，跟着大学部的学生玩，觉得特别开心。

凯伦·史密斯：这是当时年轻人的普遍反应吗？

向京：不完全是。对于那个时代来说，我觉得我的这种经历很特殊。我的初中同学上了高中以后都觉得很压抑，因为学习很紧张。

凯伦·史密斯：同我听到过的很多 80 年代美院学生的经历相比，你听起来非常早熟。当时你很年轻吧？

向京：对，年龄很小。但是我只能说，那是一个非常不同的时代。如果没有我们老师的宽容，这一切也根本不可能。学校有严格的规定，比如几点回来，晚上几点熄灯。我经常被锁在外面，于是就会从墙上爬进去。那时候我们的老师非常宽容。我自己也当过几年老师，但我知道今天宽容学生已经是不大可能了。那真是一段很天真的时光。

*

赵川：你也是在 20 世纪 80 年代受的教育，之后中国差不多每十年在观念上都会有比较大的变化。而且，基本上我们的变化都是朝向对物质欲望的开放，物欲被不断地开发和强化。这与你的身体思考有什么关联吗？这可能又是特别男性的思考方式。

向京：人很难摆脱时代、环境这些因素的影响。80 年代对我来说是特别重要的时期。1984 年考上中央美术学院附中，特别抑郁的童年期突然就过去了。艺术本身和附中相对宽松的教育环境，让我获得了一定的释放。那个时候看到很多书，西方思潮涌入，大家不加选择地吸收了很多东西，弗洛伊德之类的都是时髦的读物，给了我很多答案或者解释，满足了思考上的渴望。80年代对待生活的方式，有一种对形而上的极端追求，给我留下很深的烙印。经历过那个时代的人，几乎多少都受到影响。之后，你所说的时代的快速变化就来了，我们连喘息的机会都没有。我从小的家庭气氛就是看书和聊天，设法产生独立的思考系统，这时这样的方式基本已经定型了。时代的改变、迅速的物质化等，只让我产生本能的抵抗，这样的抵触并不是出于清晰的逻辑思辨。80年代的教育基本给我灌输的是一种让我产生内心骄傲、精英主义式的生活理解——你总认为自己是少数人。

赵川：哈，尤其是你进了中央美术学院附中。

向京：我走在大街上的表情应该都是和别人不一样的。我们与大众文化、流行文化是隔离的，不可能认同的。但后来排山倒海而来的却是大众文化的胜利，它完全变成了主流。我对这个时代里很多东西不愿意接受……但是，我的作品与人的关系，并不在于那么强的社会性关联。我始终关心的是人的本质。对于我的作品，没有先社会化再回到本性的过程，而是一直都关乎本性。

*

向京：陈老师，我回到一个很个人经验的事儿，也许和您那些观点相关。中国现在变化真的是很短促的，都是在这几十年里发生的。像我们这个年龄的人，可能是最后还沾点精英主义教育的尾巴的一代人。我记得不是很清晰，但产生这个意识，应该是从1984年上中央美院附中开始的。特别少的人能上那个学校，当时自己不觉得，其实那是一个很精英主义式的教育。学生和老师（占社会总人口）的比例很小，我们在一个特别小的院子里，就是美术馆旁边的一栋小楼里面，我们教室挨着的街道就是隆福寺商业街，那个时候刚刚有点私营业主、小商贩什么的。底下每天都放着张蔷、张行这类歌手的歌。围墙隔绝了两个世界，我们在上面画画、上课，就挨着那条街。每天我们都在图书馆里面浸泡着，接受的教育还是对古典主义的一种迷恋。当时我觉得完全不能接受大众文化，始终保持和它的距离——虽然那时我还没有"大众文化"这个概念，只是觉得这个东西是我完全厌恶和排斥的，所以一定要警惕和保持距离。那时我时常意识到自己是卓尔不群的少数人中的一员。但是我想，在后面的教育里面已经几乎没有这种意识，不仅学生自己没有，整个教育都不给你这种意识和这种训练，你不再是少数人。对现在的小孩儿来说，他完全是在一个大众文化的环境里长大。我不知道这些东西和民主这种概念有没有关联？

陈嘉映：有关联，我觉得有关联。

向京：从我们这一代之后，我们慢慢处在那样一个平的世界里面。

陈嘉映：这个话题有意思，我觉得有好多可说的。有个叫刘瑜的青年女学者，现在在清华，在政治学读者里是最有号召力的作家，很多杂志都在抢她写专栏。她在网上的影响力比专栏还要大。她三十多岁，思想度足够开阔，一直在国外生活，非常优秀的一个女孩儿。有一天我们三四个人一起聊天，我讲起好多东西丧失了，她不是特别接受。她说，陈老师，您说相对于以前的那个社会，现在社会平民化了，把高的东西都拉低了，为什么您不想象因为平民化了，我们整个的水平就上去了？（当时）我们谈到这个话题有点晚了，没太深入，只是把自己不同的看法说了一下。今天你提起来，不是说谁对谁错，真是有好多内容。有一点就是 the many［多数］和 the few［少数］的关系，有时候不是它降低了或是你提高了，the few 就是 the few，它永远是 the few，你不管多高，多低，它就是那么一种感觉，一种存在，就是 the few。

精英的概念主要用在 80 年代，现在精英这个词儿还在用，但是据我理解，这个精英的意义变成了成功人士。精英跟成功人士有相像的地方，有交集，又很不一样，所以两者之间的关系特别值得思考。极端地说，精英就是精英，跟成功一点关系都没有，但是事实上也不是那样，它通过奇奇怪怪的一些路线，跟成功相联系。我们刚才提到丁方 [丁方，生于 1956 年，艺术家，现任中国人民大学文艺复兴研究院院长]，丁方，在我看，是顶级的精英，但在今天的画界肯定不算最成功的。这里也有一个问题。我当然不是说时代变了，我就应该跟着变。但是另外一方面，我坚持什么？我能不能说，我坚持的东西就是我认为好的，跟这个时代、跟什么都没关系？如果你说，我坚持好的，这样才有机会最后让民众也知道什么是好的，那么这个问题就回来了：是有可能还是没可能呢？如果民众最后投向你这一边了，那么，在一个明显的意义上，你就跟成功联系在一起了。而且，一般说来，你不能用失败教育人家。你开始觉得你这是好的，但是很孤独，你还是在期盼某种成功。

我举一个有点关系的例子，比如信仰。你说苦行僧，他不在意民众怎么样，他直接跟上帝直接跟信仰发生关系，他去苦行，但是呢，有些人受到感召，相互传扬，奉之为高僧大德。中世纪有个静修的僧侣安东尼，他跑到埃及沙漠里去，找最少人烟的地方静修，但他名气太大了，他到那个沙漠里去之后，就有好多人跟过来，让他想孤零零一个人静修也不行。后来这成了一个传统，直到20世纪仍然有这个静修传统。他一开始要避世、静修，后来被奉为高僧大德。高僧大德香火盛了之后，人们来捐款，金身塑像。你看，虽然佛教是出世的，但是有影响力的庙宇，都是镀金的菩萨什么的，这些气派的庙宇吸引更多的香客，完全出世的精神就这样跟世俗社会发生关系。一方面那些优秀的、超凡脱俗的东西被这个世界接受，在这个意义上提升世界；另外一方面，世界在很大程度上还是用它自己的标准来衡量那些到底是不是好的东西、高级的东西。

向京：这里面从个人的角度我觉得分两个部分：他作为一个个体，因为信仰，自我修炼的这个人他自己的获得；获得之后就会对这个世界发生影响。而（后面）这一部分，我觉得其实并不能够更好地还原给修行的这个个体，至少它更复杂吧。

陈嘉映：是，更复杂，而且有好多层级。其实也可以拉到我身边来说。我有个朋友邹静之，特有才华，特别勤奋，人好得不得了，同时现在也是一个成功人士，他的剧在国家大剧院上演。另外一个朋友叫阿坚，著名的边缘人，大家都是最要好的朋友，也都是有理想的。90年代社会生活发生巨变，我们应当怎么自处？有人邀我们写电视剧，静之接了，阿坚不接。电视剧当然是有点俗，但是电视剧也有好的差的之分。静之也不只是写电视剧，他写话剧、电影、歌剧，获得了很大的成功，有些作品非常出色，比如《我爱桃花》。阿坚不屑于成功，成功的东西里难免有点俗的东西。我简直想说，阿坚这个人要坚持走不成功的道路，谁成功谁就完蛋了。结果，后面几年，甚至在私人关系上，他们之间也有点失和。我呢，站在中间偏向于静之，个人关系跟阿坚更近一点，他没事儿嘛，静之和我都那么忙，就很少有机会在一起玩儿。

我说倾向于静之，主要是指，静之实实在在拿出了这些作品。这些作品里有没有迁就读者的东西？这里我们得区分两个东西，一个是讨好时代，一个是与时代对话。怎么区分？这要拿出一件一件作品来说。静之拿出了东西，我看是我们当代作品里头特别好的作品。

有没有那样的时代，产生出来的相对最好的作品也不怎么样？而且注定如此，所以一切创作的努力都是futile［徒劳的］，乃至我宁肯什么都不做？当然，阿坚自己写作，主要是写诗，有些诗很出色，在诗人圈子里也挺有影响的。如果把阿坚理想化，你会说，他不管天下滔滔，始终坚持自己原有的东西，坚持他自己认定的东西，如果你们觉得我好，就应该追随我，我一点都不迁就。可是实际情况挺复杂的。如果你真的是（去沙漠静修的）安东尼也行，但你实际上仍然生活在这个世俗世界里。所谓坚持是一个很具体的过程，也许你到头来并没有坚持住原来的理想，反倒是对自己没要求了。因为成功不只是外部的东西，它也是一种约束，要落实在作品中，你需要勤奋工作以及其他等等，不断地要求自己对现实社会的问题予以回应，在这种互动中不断重塑自己，在变化的世界中不断创作出优秀的、有你自己特点的作品。如果说你不管现实是什么样的，也许是放弃了对你自己的约束，只是放任自己。

*

陈嘉映：你说到那个精英的感觉，能再说一点吗？

向京：我年轻时候精英的观念比较强，也许是在时代的大环境下的缘故吧，渴望成为一个精英似的人，期望努力朝向最高级，期望成为"少数人"。但是好像中间有挺长一段时间就忘掉这个概念了，不知道为什么，我不知道是不是民主的一个理想影响了我还是怎么样的，我有点厌恶精英的概念。我会去转变，去想象人人是平等的社会。尤其在我早期做艺术的时候，很长一段时间，其实对当代艺术或者说对一部分晦涩难懂的艺术，有困扰，甚至反感。当时一直想做一种东西，理论上是人人可以看得懂，人人可以感知的，我特别想还原艺术的可感知性。这是在艺术受制于庞大的阐释机制的背景下产生的，看似艺术更多元了，更多可能性了，但由于艺术越来越难看懂，它变成了圈子化的东西。我反感的大概就是这个。我想艺术不一定需要解释，或者说不能依赖于解释而存在，"理论上"来说，它触发了人的其他通道，是可以被感知的，它反映的是我们自己和我们所在的世界。很长一段时间，我是在这样一个概念里尝试去做东西，尝试去反映人性的部分，我假设它理论上是人人都可以看得懂的。可能因为在这么长一段时间里面想做这样一种东西，我就忘了最早的关于"精英"的概念。

我现在在这两个部分里面有挺大的纠结，包括我在信里面跟您讲的，当我看到这个社会本身种种的贫困、不公平、越来越大的差异——我指的是人和人之间那么大的差异，虽然这个世界貌似是变平了，很多东西是可以共享、可以分享的，但是实际上，这种不公平会越来越加剧，权力会越来越集中——很多事情好像变得很矛盾，这时候我就会完全处在对自己关门所做的事情的怀疑里，不管我做艺术还是为人，作为社会中的一分子，我该怎么样去处理自己的位置。您想，在精英的概念里，一定是有担当的，我会觉得更多的事情比艺术对社会的改变有意义。

陈嘉映：我想回应两点。第一点是，以精英的标准要求自己，这当然是年轻时的事儿，后来你做事情，不会老去想精英不精英的，无非是想着怎么把事情做好。

第二点是对社会问题的关切。我和朋友、熟人也经常谈到这些。我的熟人、朋友里也有些从事维权活动或类似的工作。上海的一个朋友，她本人的职业是心理治疗，老会碰到让人难过的事儿，也容易关心这些事儿。还有律师、警察也是，社会的那一面接触得多。

向京：还有医生，都是负面的。

陈嘉映：我觉得像艺术家、哲学家，从职业上说，可以少看那一面。但是呢，你还是需要更深地看到那些作为一个现代人躲不开的问题。一个问题就是，我们今天还能不能从精英主义的角度来看社会问题？以前哪怕那种救苦救难的，也抱着精英主义的态度。

向京：它的救世是有心理优势的。

陈嘉映：对。我们现在感受这些时不是从精英主义的角度，我们在一个挺根本的意义上觉得大家都是普通人。

在这个意义上，精英主义真的是走到末路了。我觉得从古到今，可能对这个事儿最敏感的就是尼采。有很多人问尼采的政治意义是什么，我也不知道，但是在很大的程度上，我觉得尼采的确不是在回答这个问题，而是在回答另外一个问题，就是在现代社会中，精英是如何可能的，或者精英应该怎么办——如果还有的话。我觉得这个精英主义真是一个特别好的切入点。

向京：以前我会很简单地去假想，不管是历史也好，这个时代也好，它应该是少数人推动的，我始终这么认为。在现在的时代里，可能还是这么回事，但已经不是这个概念了。有段时间我对政治的概念感兴趣，发觉很多的关系不过是权力本质的，只要牵涉到对事情的影响都和权力有关，甚至在艺术的范围里，走出创作的第一现场，你马上就会进入权力结构，很多艺术家甚至在创作的时候已经带有对权力关系的策略考虑了。这个时候不是好、较好、最好的关系，而是权力的制衡和突围的问题，当然这又是另外的话题了。

陈嘉映：我们都是现代人嘛。我们讲伦理学的时候，希腊有一个词儿我们翻译成"道德"或者"德行"之类的，arete，以前我们就把它翻译成 morality，翻译成道德什么的，但是经过语言转向之后，人们就不那么说了，因为人们发现 arete 和 virtue，或者和道德、morality 什么的差得也太多了。我们现在倾向于把它翻译成"卓越"。比如说《荷马史诗》的观念系统中不说我们所谓的"道德"，说"卓越"。

向京：卓越?

陈嘉映：这个人武艺高强，像吕布那样，这时候用 arete，把它翻译成"道德""德行"，上下文就有点读不通。勇敢是一种 arete，我们今天也把勇敢视作一种德行，但在荷马那里，它跟今天的"道德"的关系比较远，跟身手敏捷、武艺高强之类的关系比较近，是说他优秀，他特别聪明，他特别勇敢，他武艺高强，他有政治智慧，这种东西在希腊叫做 arete。后来两千多年的西方道德观念当然有好多转变，例如后来有了基督教道德，这个跟 arete 就有冲突。但是在西方，arete 的影子一直在，就是"卓越"一直在。比如刚才讲到文艺复兴时候的人，好多东西跟我们今天的人不一样，简直可以说，他们不管不顾地追求卓越，优秀的人把追求卓越视作当然之事。

向京：从这个角度就很容易理解文艺复兴和整个古典时期人的追求。

陈嘉映：精英无非是追求卓越。比如说在 19 世纪末 20 世纪初的维也纳，我们看到一整批这样追求卓越的人。如果你读传记，你会觉得虽然跟我们的时代相差一百年都不到，但那时候的人的心智跟现在的人竟那么不一样。这些人我能数一大堆，音乐家勃拉姆斯，诗人、小说家斯蒂芬·茨威格，思想家、我比较熟悉的维特根斯坦也在其中。维也纳当时就像另一个巴黎。你能看到一整批精英，都在追求"卓越"。你做音乐也好，你做绘画也好，你做哲学也好，你做什么也好，就是要把这个东西做得足够好。你只要做得卓越，意义就有了。好像在全面现代化之前一次古典的回光，像是最后的这么一个时代。对他们来说，对自己严格要求主要不是从我们这种道德观出发，卓越的人当然对自己有很多要求。今天呢？每个人好像怎么做都是有道理的——你追求卓越是一种生活方式，我好死赖活也是一种生活方式。卓越被拉平到种种生活方式中的一种，也就无所谓卓越了。

到了两次世界大战之后，这些好像一下子变成过时的东西了。我们再问到意义的时候，好像首先是问对广大人群的意义。过去说到卓越，多半跟劳苦大众没关系，像亚里士多德说的，是所谓人的潜能。人的艺术、思想、精神的能力，完全被看作是正面的。

精英是不是在很大程度上从这个角度去理解——他找到这样一种媒介，这种媒介可以使个人的潜能发挥得淋漓尽致。它发挥到淋漓尽致就成了各种意义上的作品，就像我们人类要建造一个万神殿一样，看最后我们摆上万神殿的是一些什么光辉灿烂的作品，音乐也好，雕塑也好，或者其他的也好，好像人类最后的至高目的不是其他，而是这些作品。我想这是一个非常古老、非常有生命力的观念，但是我觉得两次世界大战之后，这种观念迅速衰落了。

向京：那取而代之的是?

陈嘉映：取而代之的我不知道是什么，但是我们今天反复提到的，就是让大多数人甚至所有人过上免除贫困和恐吓的生活，好像这成了跟每一个人都有关系的事情。一个作家不能再像普鲁斯特那样，那边在打世界大战，这边自顾自写他的似水流年。你到颐和园溜达，喇叭里会放："颐和园的这些雕栏玉砌都是劳动人民血汗建成的。"我一边听到一边想，这事儿真是很矛盾的，它说得对，金字塔、万神殿，的确是汗和血建起来的。

向京：我也经常在想，同样人民的血和汗还在，可怎么创造不出这些人类文明的奇迹了?

陈嘉映：从前，好像我们的目标在上面，看谁的作品更靠近上帝，更靠近神性，这是我们人类的目标，今天好像我们倒过来，把最底层的作为衡量的一个正当性标准。而我们，我说的是你我这样的人，难免会感到两者的冲突矛盾。

向京：原来您也有这种困惑……

陈嘉映：所以我们就没有以前人的那种信心，只顾去追求卓越。

向京：也就没有那个狂奔的速度了，进步的速度就慢下来了。

陈嘉映：丁方老说文艺复兴时代的那些画、那些雕塑或者人所表达出来的那种内在信心——他用的就是这个词儿，"信心"也是他特别爱用的一个词儿。他也把人的那种内在信心和信仰连在一起，他特别关心宗教信仰。在今天的上下文里，我会说，这种信心是属于精英的，目光向上看。的确，80年代好像几乎没有成功人士的概念，那时候偏偏就有精英这个概念。而现在呢，好像成功人士是一个最广泛的概念，是作为这个时候的年轻人的一种"主流"想法。我觉得80年代刚刚考进美专也好，上到北大也好，自然而然的想法可能是成为一个精英。而今天你要是考上清华或者北大什么的，那很自然的一个想法就是成为一个成功人士。

精英人士就是对一种更高的力量负责，叫做"上帝"或者"天"，哪怕改变世界，他都好像要做出一个成就去面对更高的一个什么。所以在那个意义上，他改变不改变世界倒不是那么重要。改变世界只是精英的一条道路，哪怕他就像安东尼似的，跑到沙漠里静修去，那也是一种精英。换句话说，对世界的影响，可能是第二位的。而今天，反倒是通过商业、政治，甚至通过艺术什么的去改变世界。改变世界的话，要粗说也有两层意思：一层就是用老话说，给予一种新的光照，这个世界由于新的光照而改变了；另一层也可以说是实实在在的改变，比如说变得更富裕了，或者是疾病变少了什么的。我觉得今天的优秀人士可能想那个实实在在的层面更多。

向京：因为他可能跟上面连接少了，但是跟下面却产生了很多很多连接渠道。

*

王小雨：您的作品跟您自己的生活经历似乎密切相关？

向京：开始是这样的。我有很长一段时间其实是一个很本能的，或者说很女性思维的艺术家。我用了很长时间才发现女人是一种用身体去思考和感受世界的动物，所以她对事物的判断并不来自知识和相关的抽象的逻辑思维，更多借助经验和情感。也许这也是大多数女性艺术家一开始那种生猛劲儿的来源，同样也是女性艺术家容易"夭折"

的原因——到了一定年龄之后，身体的敏感性消失了，或者由于结婚、生子这样的突发事件，情感重心转移。我明白这个道理的时候非常沮丧，当然这也可以成为一种自省的办法，我可以想办法努力去超越这些东西。

王小雨：您所说的超越是指摆脱这样一种经验性的创作模式？

向京：不想单单依靠所谓的经验。也许是边缘化的原因，女性似乎有一种背离社会化的倾向，我觉得女人更愿意思考一些终极问题，这种思考也可以成为一种引导。

王小雨：哪些终极问题困扰过您呢？

向京："活着"就是个让人琢磨不休的事情。小时候我认为长大、成为一个成年人是一件很不爽的事情，对于成长的认知和接纳很艰难。这个坎儿过去之后，对我来说最重要的问题就是一个存在感的确认，就是你确认身份，确认你是不是活着，或者活着有什么价值和意义，等等。我可能永远会不停地问跟生死有关系的问题，也是和恐惧对抗的一种方式吧。还好找到了艺术表达这样一种方式，把想问题的这股劲儿，或者把这个问题本身转换到作品里面去，其实不见得在这里面找到什么答案，但是让它缓解了很多。艺术让人得以疏解，并且完善内心。

阿克曼：这当然是最根本的问题，人类从开始起就面对这些问题。它们不是理论性、逻辑性的思维过程的结果。这些问题天生就存在，不管你要不要考虑它们。面对这些问题，或者用我的比喻，在无形、无垠的宇宙行走，是可怕的，可是放弃或回避它们的艺术没有大价值。像你这样的艺术家不多。你说你先生是基督徒，我可以理解他，尽管我不是信徒。宗教是一个帮助你处理这些问题的系统。不过宗教是系统，不是宇宙。

向京：至少给了一个解释。

阿克曼：给你一种解释和安慰。靳卫红常说她没有宗教感，缺少一种根本的安慰。安全感和安慰是宗教最大的作用。我们人生最重要的截止时刻就是死，别的都有希望可以避免，可是死亡避免不了。我看你的作品或者听你说话的时候，都发现了这些问题的影子。

向京：不是我要去想那些问题，而是那些问题铺天盖地在后面抱着我，追着我，如果我不搞艺术很可能就是一个精神病患者。一直被这种问题纠缠着，而如果不去解释它，不去找到方法面对它的话，它就会一直追着你。

向京：你怕死吗?

　　林白：我有时候怕，有时候不怕，我很小的时候就特别怕死，很小很小的时候，三四岁到七八岁经常想到死。

　　向京：是吗?！是因为怕吗?

　　林白：小时候怕，我很小的时候就想到死的事情。

　　向京：真的啊！那你太悲观了。

　　林白：就感觉会进入一个深渊里，就是黑暗，永远都是黑暗，永远就在深渊里头，很小就经常梦见自己死了，被掐死或者怎么样，经常梦见，我小的时候经常做一些恐怖的梦，或者梦见自己的母亲死了。

　　向京：我也经常做些噩梦。

　　林白：非常强烈的不安全感，但是我觉得你好像不应该，你从小在这样一个幸福家庭，父母亲都很好，一种很完整的成长过程。我是很残缺的，三岁父亲就死了，大量的艺术家很小父亲就死了，不在一个平稳的生活状态之中。

　　向京：你妈妈对你的控制多不多?

　　林白：不多，她一点都不控制，从小就是我自己长大，我妈下乡了，一直都是我一个人要面对整个世界，其实世界是很恐怖的。没有安全感，强烈地没有安全感。

向京：对，你以前写过这个。

林白：我跟你这种生长环境完全不一样，差太远了。

向京：但是我觉得每个人都会有恐惧感，都会碰到很多困难。

林白：我看你的很多作品，你做这种事情我很吃惊。你妈妈说你是雕塑家，我就想可能是做什么装置啊之类的，我也没看过你的作品，不知道是什么样的，那天一看我很吃惊，我确实感觉很熟悉，有强烈的那种女性感觉，女性生命的那种感觉，非常强烈。

向京：作品都是从生的挣扎中产生的。我从小两个不接受，第一个不接受——我大学哲学课曾经写过一篇挺长的文章就想表示这个——实际是对"生"的怀疑。特别不理解一个人完全没有选择被生的权利，他的出生非常偶然。

林白：被抛到这个世界上。

向京：自己完全不能控制，而且几乎所有人都告诉你不能自杀，你也没有死的权利。

林白：这个只是一种文化而已啊！

向京：但是就是想不明白这个问题，非常想不明白，非常灰暗的时候，就觉得为什么不能死呢？！为什么人既不能选择生也不能选择死，那人存在的意义在哪里呢？！

自己的那一部分在哪儿呢?! 很长时间不能理解, 不能接受。第二个不能接受的事情就是我为什么是个女的。特别痛苦地想着这两个问题, 特别特别长的时间。

林白: 你觉得女的不好吗?

向京: 我觉得女的特别不好。

林白: 到现在也这样认为吗?

向京: 现在嘛……我觉得我是在慢慢地努力证实、认定我是一个女的这样一个存在, 没觉得好, 也没觉得不好, 只是我接受了, 我曾经特别特别长的时间不能接受自己的长相。

林白: 你长得非常好啊, 你非常漂亮! 真的, 向京你真的非常漂亮, 而且你就长成女艺术家的样子。

向京: 哈……可是你知道吗? 我喜欢高、大、白、胖的, 哈……

林白: 高大白胖太难看了, 太怪了, 奇怪得很, 所以人都很奇怪的。

向京: 就为这种事情我都会苦恼很多年, 而且以前又没有艺术这个方式来表达, 我就完全独自在那苦恼, 痛苦, 其实就是对自己的存在完全不能接受。

林白: 最后就成长为一个艺术家了。

向京: 哈……钢铁是憋出来的。

林白：所以这个道路还是很正确的。

向京：还有很多人问我，你怎么喜欢做那么难看的女的呢？我只是觉得女的身体本身就是各种各样都有，我也没特别找个特丑的做。

林白：弄个美女那不是很庸俗吗！

向京：对啊！大部分人在经典艺术，在广告，在各种教化中看到的都是符合标准的美女，所以真正的经验没有起作用。另外还有个经验，小时候大家家里都没有浴室，都到公共浴室去洗澡，那个经验也是挺受刺激的。

林白：对，这是个很大的事情，那种心理的障碍。

向京：小时候又特别敏感，特别害羞，特别内向，就受不了那种身体的公开，觉得没有尊严。

林白：那我能想象得到，第一次在武汉大学的公共澡堂，那种巨大的心理障碍过了一年才跨越。一年里自己根本不敢到那里去，就是不行，很大的障碍。

向京：小孩的身体完全没长开，觉得自己奇丑无比。

林白：对！根本没发育，哪儿都没有。

向京：就像小柴火棍儿一样，看别人身体也是觉得奇丑无比，我很害怕那种很无所谓的中年妇女，浑身横肉的那种，简直是一种侵犯。

林白：是……那种视觉上的、心理上的刺激，那种成长过程中很强烈的刺激。

向京：我虽然没有像你这样的，那种命运带来的特别可怕的东西，但可能把那种小的东西放大了，效果一样。

林白：有时经历过很多东西却不留下任何痕迹，等于说没有经历，但是一点东西就留下，还有很深刻的痕迹，以后就可以发酵生成一个艺术家。

向京：所以有时看到那种完全没长开的女孩，我会特别感兴趣，好像永远看得懂这些小孩儿心里怎么想的，当然现在的孩子比我们那时候要健康多了，没那么多黑暗的东西了，可能更多光明的东西。

*

林白：我最早在方方那里看到你的作品，一看就感觉这个东西我很熟悉。那种异样的、惊恐的、强烈的女性感觉，那种和现实强烈的不协调，一下就感觉到了。特别是那件四米多高的女人 [《你呢？》，2005]，特别惊心动魄，是那种原创的，对生命的感受，很强烈，不是平淡的、小情趣的、小审美的东西。

向京：这个时代做原创性的东西实在太难了，必须是彻头彻尾真实的表达，真实的表达是对人性的考验。

林白：我不知道市场的流行趋势怎么样，但觉得很多人不见得会接受这个东西。

向京：一个人在满足了基本的生存条件之后，也不能老考虑市场吧？首先你要不断地做新东西。到脱离了为生计烦恼的阶段，自己做就行了，比较单纯，比较纯粹一点。很重要的是要进步！

林白：感觉你的新作品在艺术圈里肯定会有很强烈的反响和认同。

向京：其实不光是艺术圈，我更渴望在有着相同体验或者同样感受的人那里找到一种认同感。

林白：在你的这批雕塑里面发现一种共同的东西应该不难，因为你把它高度集中了，放大了，一下子会把人的精神吸引到这一点上。它不是很柔和、很缓慢、渗透型的那种，它对人的吸引很强烈，一下子，是有冲击力的，就是一进展厅的第一视觉冲击，非常强烈，非常震撼。

向京：女人和男人看女性身体的视角完全不一样。

林白：男性和女性在心理上和生理、情感方式上，肯定是完全不同的两种动物，那（视角）肯定是不同的。

*

　　魏星：古典人体艺术里的一些女人体雕塑，因为都是为了达到一种感官的愉悦，它是那样的一种审美，甚至引起人的一种性的，或者说情色的冲动，或者满足男性的窥视和欲望，但你的女性的人体，是有意识地去消除性别的一种社会学的标志。如果按照新的一种性别理论来说的话，生殖器官和生理特征不足以用来界定性别，因为性别(gender)是一种建构，是一种社会学建构，是人的一种建构，而不是一种自然属性的东西。所以说你的东西，还是有审美性，但这种审美不是为了那种感官的愉悦，你不是为了要让人看这个女人体多漂亮，这个雕塑多么的完美，多么具有黄金比例的曲线。你这样的审美，还是强调一种概念性的东西。

　　向京：在一个物质主义的时代，所谓的那个审美已经完全消费化了，比方说所有的美，或者一个可能好看的东西，它其实完全是在一个消费的骗局里面形成的。而我渴望在一个知识系统里面去认知世界，而不是简单地通过一个信息量的累积去看待这个世界，也许需要重新建立起一个可能已经坍塌的东西——当然这也是我非常概念化的想象而已。在我这一次"女性身体"的主题 ["全裸"系列] 里面，我希望把跟女性主义有关的这一部分说到底，我不再想说这个事了，就结束掉了。另外我也希望，就像我上一个展览，有不少的线头，重新抻出来，让我能够继续在后面的计划当中不停地实施，再继续。

魏星：所以它不是断裂，不是说完全结束，它等于是一个新的起点。

向京：因为我必须把这事儿交代清楚。

魏星：你还是从这样一种角度去做，实际上还是女性主义的那种起源，源于男女两性的概念，两性的这种不平等，男性对女性的压制、压迫。

向京：整个世界还是男性价值观主导，是个无形的驯化过程。你必须成为一个同谋，或者附着于它成为一个共同体，才有可能进入。我个人的部分在坚守，但艺术上把这事说清楚，这东西已经不是我目前主要关注的东西了。我始终认为男女之间的了解是非常有限的，那么，我觉得女性主义的意义就在于站在这样的一个立场上去说话，这是我的第一人称，女性身体在说话。我看到一些"女性主义"只是为了给自己贴上一个标签：我是女性主义。这样的女性主义，还是提供了一个被看的客体状态，它并没有主动的、真正的立场，所以我觉得这只是犬儒主义。

魏星：还是比较媚俗的东西。

向京：如果你自己仍然在提供一个被选择性，最终希望被别人看到，我是中国来的艺术家，是东方的艺术家，和你看我是女性主义，这个意思是一样的。所以我觉得很重要的是你真正的态度——虽然我一直否认——其实我的立场是，每一个个体要站在自我独立的立场去说话，这样就跨越了性别问题，已经无关乎男性和女性。这是任何一个艺术家最根本的立场。

魏星：说起女性主义，你自己曾说过你喜欢南·戈尔丁 (Nan Goldin) 和辛迪·舍曼 (Cindy Sherman) 的作品，他们的作品对你肯定是有影响的。

向京：对我有影响的东西太多了，我是一个比较爱学习的人，又不愿意简单地学习，我不会因为作为一个女性艺术家就要专门去学女性艺术家的东西，我面对艺术的态度真的很开放，任何东西都会成为养分、养料。一个人在成长中肯定要不停地吸收更多的养料，生命有限，自我的经验也非常有限，必须通过这样一种学习，一种完全跨界的、没有障碍的学习，才可能站在创造者的角度去自由思考。一个真正好的艺术家，应该是一个集大成者，就像我当时特别喜欢的作家王小波，他就是特别难得的一个集大成者，各种因素，比方说时代、个人经历，甚至包括他出生的家庭，都可能是造就这样一个王小波的因素。

魏星：而且他对两性文化和社会关系的认知已经超越了他同时代的绝大多数人。

向京：唯一的遗憾，就是他活得太短了，否则的话我觉得这个人就不得了，这样的人对于中国文化真正有贡献，可惜这样的人太少了。中国真的是一个沃土，我觉得对于艺术来说，中国的历史、现实都太肥沃了。

魏星：它非常丰富，无限丰富。

有一个叫《全黑》的作品，我觉得还是有很强的辛迪·舍曼的影响的，我的感觉是这样。

向京：我做的时候肯定没有意识，这源于自己比较简单的个人经验，我给作品起名《全黑》，是因为我每次去都是晚上，包括我给那人画一张白脸，也是一个夜晚的感觉。

魏星：所以你现在的人体作品，它的性别指向是比较模糊的。

向京：我希望能跨越，因为我觉得一个人既能懂男人，又能懂女人，那真是太了不起了，太伟大了。

魏星：你那个《敞开者》还有"洗脚"的那个作品[《一百个人演奏你？还是一个人？》，2007]，实际上并不是关于女人的。

向京：对，我感兴趣的部分肯定也不是性别的那一部分，虽然在做性别这个题材，但是最终要跨越这个问题，走向更宏大的范围。我现在的局限在于，仅仅从一个女性的身份中跨越过去了，我并没有涵盖两性的世界，我也在做一个自我成长的努力，希望有一天，我能通达，这个东西没有障碍了，也许我终其一生都不一定能做到。

魏星：有这种必要性吗？因为我觉得你作为一个女性艺术家，虽然不需要在作品里面刻意强调女性身份，但也不需要刻意地抛却这种身份，对不对？我觉得女性，就像你说的这样，对于女性本身的认识是男性无法相比的，南·戈尔丁曾说过：我对女人的认识肯定要超越男性的，男性经常只看到比较表面的东西，女人的精神构造比男人要丰富得多。

向京：一个事实是，我就是个女人，无法改变，我只是渴望我的世界更大，因为我觉得女性艺术家中的绝大部分不能发展不能成长的局限就在于真的很难超越性别这个问题，我是渴望自己能够跳出这个东西来。我想我女人本性的东西永远不会丢失，我就是这么一个人，这个东西已经不需要我再去做更多的努力了，而且我已经足够敏感，对自身存在有太多反省，我也不知道以后会怎么样，但是我特别渴望能够成长。

有一种人，像阿莫多瓦 [Pedro Almodóvar] 这样的导演，我特别特别羡慕这样跨越两界的人。

魏星：他就是一个同性恋。

向京：一个男人这么理解女人，这简直不可思议。

魏星：他的艺术这么多彩、艳丽、疯狂。

向京：关键不是他对色彩、对形象的感受这些表面的东西，而是他对女性心理、情感把握得这么到位。

魏星：像她们的一员一样，姐妹一样，就是这样。

向京：好像没有障碍！对我来说，男人永远是一个彼岸，一个我无法触摸的东西。

*

阿克曼：你对男人体感兴趣吗？靳卫红老是抱怨自己，她对男人体没有把握。

向京：我也很难做出一个满意的男人的身体，我会做得很概念，缺少丰富性和复杂性，这是个视角问题。所以你可以想象，对于这样的言说，主体性还是很重要的，我们如何站在第一人称的角度去说话。无论别人评说性感、色情还是什么，核心还是你用哪种视角观看，言说的主体是谁。

*

尤永：男人第一眼看到你作品中的女人，会感到特别
沮丧和茫然，她们特别漂亮，却不性感，过去的经验失效
了。这些作品甚至也有意排除了某种社会属性，自外于中
国当代艺术的阐释系统。

*

阿克曼：你的属性，外部的和内部的，都是女性的，
所以你理所当然用一个女性的视角。在你和尤永的一次对
话里面，他说你的雕塑不是男人幻想的女人，他觉得，她
们不性感，等等。这句话第一部分是对的，第二部分是错
误的。她们非常性感！不过这种性感不是可以消费的东
西，而是女人确实具有的性感。

向京：听到一个男人这么说真让人惊喜，因为我一直
觉得我做的女人很性感！

阿克曼：你表达出来的性感是女人自己的性感，也有
诱惑的成分，可不是为了消费。中国当代艺术的女人形象
大部分是符合男人幻想的消费品。

*

向京：在这批作品里暂时不考虑社会属性的部分，我现在就想把每一次个展或每一批东西的话题说清晰——不必做大——要做深。现在计划两三年做一个个展，做一批新东西，每个新东西可能讲某一个意思，我想要说的一堆话中的某一个意思，一个个展说清楚一个概念，几年的结构合在一起，就会成为一个大结构，而你就会看到更完整更清晰的一个脉络。

这批东西我讲的是某种含意上的东西，我希望提纯，把它抽离出来，不再是一个日常发生的场景或情景下的某种状态，或者这种身份感的东西——因为以前有人说我做的是社会肖像，我其实对这个不感兴趣。现在的作品你很明显地看到不再是一个日常性的东西，而是讲"女人身体怎么去说话"。

*

魏星：我看你早期的一些作品，其实是关于一些比较具象的女孩、女人，但是你现在的作品，形式上越来越强，越来越非具象了。尽管她们其实是有具体的五官，身体各种器官也刻画得很细腻，但是给人的感觉，她们并不是某一具体的人。而且这里所谓的非具象是说，你并没有去刻画人物本身的社会身份，而是注重这样一种非具象的表达，她们并非对具体的人物的呈现，而是消解了社会性角色之后的那种中性化的、生物学意义上的人。我现在想知道，是什么样一种因素让你慢慢从以前那个形式，转向这样的一个方向，是因为年龄的增长、经验的积累或者是对生活的认知越来越深入，越来越宽广了？

向京：的确我刚开始做作品——甚至是我从1998年以后，开始做这种等人大作品——的时候，不管对自己的人生，还是对做艺术这件事情，还是处在一个比较模糊的状态，我肯定会做，但是怎么去做？仍处于一种比较自发的，没有什么计划性的状态。所以，开始的部分只能依赖一种自我经验，依赖与自己相关的东西。

但是从2005年"保持沉默"个展的那批东西开始，我有了一种比较自觉的意识。你所讲的带有社会身份的人物，我觉得还是和经验的部分有关系，就像你在生活当中看到的部分，我必须依赖这么一个载体，需要这样一个视觉性的，或者是能触摸到的生活，去反映我所认知的世界。当下这个时代人的精神状态，在这个（社会身份的）外皮下面。在那个展览当中，其实也有几件作品，像《你的身体》

就超越了这样一种叙述，它把许多因素综合在一起，有种纯粹性，虽然是一个反观念的作品，但是由于反观念，它成为一个观念很强的作品。当时各种因素交织在一起，完成了那么一件力量到位的作品，这在我以前的那种状态里面是无法完成的。当我做完《你的身体》之后，这一部分的表达就成为一种可能性。

那个展览结束之后，我就开始酝酿这一批新作品〔"全裸"系列〕。原来我很多东西是本能推动的，这时候我那种觉悟意识开始慢慢形成了，能够超越自身经验的部分，很清晰地结构自己未来创作的计划，尝试把一种认知的东西表达出来。这一批作品，我清楚地知道要把我做女性的主题，通过这样一个展览结束掉，做作品就像说话一样，（要考虑）如何去表述得更清晰完整，便于和别人达到一种交流。所以我这一批作品，干脆就把主题性的东西做得非常小，达到一个预期，可以往深里去挖掘。

这批东西从观者的角度来看，就像生活被撕掉外皮，一个女人或者一个人，被剥去了外衣，她露出来的东西——你所谓抽象。在我看来，当人去除身份这些杂七杂八的东西之后，那个我们，那个人类，可能你并不认识。

*

黄专：但我觉得你这个展览 ["全裸"] 里的作品属于两种完全不同的类型。

向京：对，但这两种不同的类型不过是两种不同的叙述方式，是两种不同的说法，所指的东西还是一致的。

黄专：我觉得你那些人群——着装的、有社会身份的，还是和原来的联系多一点，就我个人来讲，《你的身体》是一个标志性的转折点。

向京：肯定是！百分之百！

黄专：它剔掉了很多东西，很多青春期的东西。剔掉了不是没有这个题目了，而是说整个方法转化了。你觉得你那个展览整个是个转折，我觉得这一件作品转折性更强，甚至另一件裸体的《你呢？》也不如它，《你呢？》还是有叙述的因素在。

向京：做《你呢？》是在《你的身体》后面，我是想超越《你的身体》的某种东西，做没做到见仁见智吧，但对我来说意义非常不一样。很多时候——包括在生活里也是这样——你想要寻找的一种表达是发不出声音的，但如果能把力量凝聚起来，把这个声音发出来，就是一种成长，发出来之后，这个坎也就跨过去了。《你的身体》真的是一个很本能很天性的身体里生发出的作品。我的认识、我的经验到了那种程度，憋出那么一个作品，我一直想超越这件作品。

黄专：这可能只是一个旁观者的看法，我觉得这件作品对你和对中国当下的艺术都有某种绝对的意义。一个是对你个人来说，就过程而言，它剔掉了很多东西，具有某种纯粹性，或者说，对你个人而言是一种方法上的突破。这个方法不是技术上的，可以说是你整个看世界的方法有一个突破。原来有很多叙事和表现的痕迹，希望用一个媒介来表现某个东西，但在这个作品里，很显然不需要特意靠这个媒介来转换，有些东西它自己就在那里了——它有一个自足性在里面。我讲的纯粹性是说这件作品不需要任何意义背景，你不需要去附着意义或表现意义，但是它却呈现了某种东西。这点是很多艺术家一直在追求，但一直做不到的。所以我感觉那件站着的作品［《你呢？》］含有某种叙事性，包括她的姿态、表情、性别，这件作品你反而是没有强调它的性别，没有强调青春、时间这些东西。

*

魏星：对，那时候你还是想尝试表达社会性存在的一种状态，但是我觉得你现在的作品，已经把这样的一种因素给去除了，更加纯粹。而且你更加关注的是对灵魂的一种注视，她是赤裸的，她是没有外衣的，她不需要任何身份的打扮。所以，你的这一系列雕塑，实际上呈现的是一种自然人的状态，而不是具体的社会人的状态。

这有点像英国的雕塑家安东尼·葛姆雷 [Antony Gormley] 的作品。他曾说过，身体是一种亲密的，或者说是一种私密的建筑，他希望通过塑造这样一种建筑的结构来唤醒人的一种主观经验。他的作品，因为都是没有人的具体的五官的，所以更加彻底。所以说他的作品，内容大于形式，或者说是十分抽象的，更多的不是关于视觉和肖像，而是关于人类的一种象征的东西。它是非个人的，但它也是关于每一个人的。我觉得你的这批作品，从这个意义上说，跟他的东西实际上是有一些相近的。

向京：这里面，我一直还强调另外一部分：我可能永远不会走入用纯粹概念性去表达人类的身体这种模式。即便说把很多这种因素、枝节都处理掉了，我还是很着迷于各种细节的刻画。比方说每一个人长得都不一样，身体的每一个部位都不同，腿长腿短，胸大胸小，反正都会有一些特点，让你觉得这是具体的人，很多不是搞艺术的朋友经常会跟我说这个特像他认识的谁谁谁。这样的一种东西在观念表述里面实质上是被反对的，当代艺术里会注意去除这种叙事性，但是我恰恰对叙事性这一部分特别感兴趣。

这里面对我来说是这样一个概念，我觉得我们做的还是通过视觉性的东西，去传达的一个……尤其是做艺术，我不是一个哲学家。

*

黄专：还有一个很重要的就是体量。你原来其实不太关注体量。有人认为，空间和体量是区别古典雕塑与当代雕塑的重要依据。

向京：原来是没有勇气。没有信心。

*

凯伦·史密斯：你第一件采用大尺寸手法的作品是2003年（开始）创作的《你的身体》，后来在杭州展出，那是我第一次看到。作品给我留下了很深刻的印象，因为它的规模、姿态、面部表情以及那种普遍的状态。我当时看到这种新的发展方向，觉得十分吃惊。是什么促成了这样的发展呢？

向京：我一直想做一件让人看了就闭嘴的作品，其实这是蓄谋已久的。我已经到了艺术生涯的某个阶段，觉得必须做一次新作展览，要让大家看到一个女人能做成什么！原本的计划是要做几十件作品，很疯狂的动力。那时对当代艺术的很多问题心存怀疑，想不通，也很怀疑实验艺术。我觉得自己必须尽可能多地去看当代艺术，并且花大量时间拜访艺术家工作室。这个想法开始占据我的大脑，我的作品应该着眼于内心或是心理的状态，改变尺寸并不是雕塑本身形式上的问题。于是我开始创作《你的身体》。正是这件作品使我从简单个人经验里走出去，有信心继续走下去，实现这次展览计划。

凯伦·史密斯：这是一件体积很大的作品，必须有助手帮助才能完成，对吗？

向京：对，我先制作泥塑，然后工人们翻制成玻璃钢。它在我的工作室里放了大半年，我不知道该拿这件作品怎么办，特别是表面该画什么颜色。很多人来看到这件作品，都觉得很震撼，但是没有一个人邀请这件作品参加展览。我越看这件作品，越觉得这是我对观念艺术做出的一次回应。很多作品只要听一听它们的观念阐述就足够了。艺术真的就这么简单吗？一定要进入一个阐释机制里吗？于是我就想做一件完全没有观念的作品，直截了当，富有力量。我觉得自己就像是从幼虫变成蝴蝶一样，那种感觉很痛苦。完成了这件作品后，我就什么也没有做，一直到 2004 年。我记得那是在春天，那件作品一直摆在外面，表面已经开始起皮了。有一天，我突然有了一个冲动，先爬上去画了眼睛。我画完的时候，在我看来"她"好像有了生命，从沉睡中睁开了眼睛。我觉得她在看着我，我们俩就这样彼此对视着。那种感觉很奇怪。然后我就一气不停地画好了颜色。

凯伦·史密斯：观众对这件作品的反应如何？

向京：总体上非常好，而且媒体的反应也非常不错。可能我激发观众去思考现实，或者是给了他们可以联想的东西。

*

黄专：再一个，这个作品 [《你的身体》] 中的矛盾特别突出：性别和去性别——我不想说她是中性，但是你肯定想做某种去性别；再就是特别感性和特别理性，特别矛盾地扭合在一起；它是一种纪念碑式的表述，但是又特别突出性别器官。你原来的作品是没有矛盾的，比如你那件黑色的穿衣服的人 [《全黑的瞬间》]，虽然也表现了一种矛盾，但是比较外在、视觉化，时间、运动都是一种形式上的（矛盾），但是这件作品中的矛盾，作品中的分裂性，不管是你有意设计的还是最后呈现的，都不是通过一种外在的视觉的方式来表现，而是自身存在的，不需要去说明。好的作品可能都有这种矛盾，它本身在结构上就有这种矛盾。

向京：对，你用"结构"这个词很好，我在慢慢地掌握这个东西。一件作品并不能说明问题，为什么我要做群雕？因为我一直很想做结构。这个结构不仅仅说一个展览现场、布展或是通过什么看出成长的阶段，可能是我看电影、看文学的东西比较多，我对那样一种结构关系——叙事当中呈现出来的一种层次感兴趣。慢慢能把这种东西做出来的话，会特别有意思，比做一个像《你的身体》这样的作品要牛多了，只是我现在还不能在雕塑上琢磨出来，也在慢慢试吧。

黄专：我觉得这种内在结构上的矛盾是一件好作品的基础。就说达明·赫斯特 [Damien Hirst]，我们现在对他有很多误解，那件"鲨鱼"[《生者对死者的无动于衷》(The Physical Impossibility of Death in the Mind of Someone Living)，1991] 的翻译也有问题。那件作品的矛盾在于把一种非常感性的、生物化的主体和完全极少主义的结构扭合在一起。他的作品都有这种特征，包括"药丸"[《四季摇篮曲》(Lullaby, the Seasons), 2002]，都是把极端感性的和极少主义结合在一起，使作品结构既是生物性的、感性的，又是形而上的、分析性的。这种自在的矛盾性并不是通过造型元素产生，而是本身就存在的。你的作品从外在讲，这几个因素我不知道你怎么理解：一个是身体，一个是性，还有一个是感官。（这三者容易被混淆，其实是三个完全不同的元素。）你做作品的时候是怎么考虑这些元素的呢？

向京：你说的每样东西我都考虑到了，你说得对，我以前的作品感受性居多，对形象敏感。《你的身体》就像一个蓄谋已久的东西，里面有很多认识上和观念的部分，并且我希望真切地呈现它们，我自己也面对它们。

黄专：在你原来的作品中没有这些因素，包括做"处女"也好，做"青春"也好，你还是想表达一种比较外在的东西的。这种身体、性和感官性的东西在你原来的作品中起码不是很突出，但是这件作品中都有了。

向京：这件作品有太多人喜欢的确是它本身的感官性太强烈了，这种强度，的确很少人能做出这样的作品。

黄专：那你的意思是不是说身体和性只不过是你视觉上的一个诱饵？

向京：当然不是，但它成为一个视觉的诱饵也是我没办法左右的。也挺好，这也是一种方式和途径吧。

黄专：你觉得这是好事还是坏事呢？

向京：对作品来说是好事啊。而且这也是种挑战，不管对我还是对观众来说。

*

尤永：《寂静中心》是一个年轻女孩在自慰，很大胆，但是不色情。我们可以用来作比较的是，1998年翠西·艾敏[Tracey Emin]在美术馆展出了她自己睡过的床[《我的床》(*My Bed*)]。英国人在床的问题上还是挺保守的，"床"这种东西是一种绝对隐私。但是她把自己的床暴露到一个公共空间去了。这件作品带来的挑衅感并不是因为床上的避孕套和酒瓶子，而是把隐私空间公开化后造成的那种心理塌陷。《寂静中心》中女人的自慰行为是非常私密的事情，一旦被展出，被拿来做封面，那它就被放大到一个公共空间了，构成了对公众的一种挑衅。我不知道你内心深处有没有这种想要挑衅的感觉，我想一定是有的。

向京：这次我没有，完全没有。我已经过了那样一种状态，你可以说是超越吧。那是一种在年轻时候的火气，愤怒会产生的一种挑衅性。什么东西能产生力量，什么东西最有力量，这不是挑衅性的问题。《寂静中心》就是一个比较真实述说的作品吧，当然把这种真实的东西给揭出来是对观者本身日常经验和道德感的一种挑战，但是所有的这种状态我真是很想跨越过去。

其实每个人心里都有情欲这东西，发生状态很私密，但这个事实是人人知道的。所以我想如果用一种很坦白的态度去看待，就像我用很坦白的一种心理去做一些性描写，当观者去看，可能看的时间长了，能克服自己一开始由于教育或审美惯性产生的惊吓和心理障碍之后，他的认同感会非常强。就好像虽然你身在展示的公共空间中，却回到了内心，进入一个内向的世界，这是个非常有意思的转换。

*

魏星：你的作品有些表现女性手淫这样的东西，这里面带有一些情色的因素。情色当然和色情实际上是不一样的。

向京：因为有两性的存在，才可能会有情色这样的一个话题，我只是想比较坦白地呈现人性里面本来存在的一个部分，就好像谁都知道，人人都做爱，人人都可能会去手淫，但是你用什么样的态度去面对这样的事情……我特别喜欢南·戈尔丁这样的艺术家，超越道德的理解可以让她面对这样的东西时很坦白，也许是女性的天性使然，而且由于坦白，这个事情变得一点不猥亵，变成一种力量，在面对自己的一个基本欲望的时候，我只是呈现一个态度——这个东西是存在的。

*

阿克曼：欲望也包括色情。

向京：当然，或者说当我在做性或者欲望这类主题的时候——这种主题谁都可以做——重要的是怎样透过存在的主体的视角去说这个事，而不是把身体仅仅当作一个被观看的、容器式的客体，这是核心的。

阿克曼：你确实跟靳卫红有很多很像的地方，你比她多走了一步，你不拒绝性和欲望的主题。

向京：我不拒绝，我甚至认为这是一个专门的命题。

阿克曼：你不害怕这个命题。

向京：我恰恰觉得自己还不够勇敢，还不够直接，因为最勇敢最直接的方式其实是最干净的。

当然我肯定不想做充当欲望容器的女人身体。我之所以在我的创作生涯中能够比较认真地、严肃地进入一个性别问题里，是因为这也是我绕不开的命题，就像我绕不开"死"一样，我绕不开"我是女人"这个事儿。活着不可能意识不到，在认知自我的过程当中不可能不碰到这个身份问题。当然，一旦涉及这个问题，你会发现陷入了文化的泥沼，你必须在文化的底色和背景里面去说话。就像你刚才形容的那样，面对灵魂的一种拷问的话语，最终都会变成跟文化有关的——只可能这部分是有效的——但这反而会削弱你面对灵魂最深层的那部分东西，转而变成了一个性别话题——首先这个是显性的，你只要做一个女人（的作品），就会被评论她性感或者不性感，好看或者不好看。虽说每个人的创作都充满狭隘性，但更困难的是任何作品都被限制在艺术语境的狭隘中。我做《你的身体》的时候，有人来工作室看，反应就是："真吓人，恶心！"或者是："向京你现在怎么这么色情？"其实这种惊吓，只是因为他没有看到他想看到的一个女人体。我在做它的时候并没有想去吓到别人，但是他的反应让我马上意识到那种规训的视角。这不是我要不要面对，要不要用这个策略的问题，而是当我一旦做了这个东西，立刻就被放到这样的语境和冲突里面去构成我的问题，我的作品立刻出现了一个敌人，这个敌人不是我预设的。

*

魏星：个人情感和欲望是私密的东西，一般不愿意让别人以任何一种方式去窥视或者去了解。

向京：在一个社会性的范畴里，有各种各样的禁忌，这只是禁忌当中的一部分。仅从这一件作品 [《寂静中心》] 来看，我初衷还真不是挑衅，只是很正常、坦白地做出来。不想把这个东西简单放到道德层面去谈论，至少那不是我想要关心的部分。如果把这个作品放到整批作品里面，你会看到它只是在讲人性。

魏星：对，它本身没问题。

向京：对，这其实就是我整个展览 ["全裸"] 想要表达的东西。也许我们习惯了艺术教化带给我们对于女性身体的概念，也习惯了社会教化里对身体的种种禁锢，但我想讨论的是人、人性的问题，不是艺术规则和社会规则。如果挑战忤逆了什么，那是另外一个层面的东西。整个的展览在替我述说在人性认识上的各个层面，每一件只是当中的一个层面。

魏星：但是，它会不会也像一些小说家写东西一样，有的时候只是为了他自己想要诉说，只是为他自己说话？

向京：我现在肯定已经离开自言自语的阶段了，这种自我述说的方式，我已经不喜欢、不依赖了。太多的女性艺术家用这个方式，但我觉得这个东西太狭窄了。看到第一个这样做艺术的，你会觉得挺有意思的——其实也是坚持一种女性方式——如同有一个人（首次）用写日记的方式公开写作特有意思，但当所有的人都有自己的博客了，你说这事还有意思吗？

*

黄专：我的感觉是后来做的作品还没有超越《你的身体》。我对 MoCA［上海当代艺术馆，"恒动：当代艺术对话"群展，2006］那个《彩虹 II》特别失望。

向京：为什么失望？

黄专：我觉得好像又回去了。

向京：我觉得往前走了很多了，你只看了一件嘛。

黄专：你为什么要坐在气球上？

向京：你为什么要知道是不是在气球上？气球没什么意思。

黄专：你这个人坐在椅子上我就不好奇，这种元素在你的作品中很多见，比如像浴缸啊……

向京：你觉得躺在浴缸里和坐在气球上一样吗？

黄专：从意义结构上是一样的，你想营造一种外在的元素来加强表达，从这个意义上我觉得这是一个退步，又回去了。你原来的作品中还有一些因素，比如说"处女"系列，作品中包含着一些问题，但是《彩虹Ⅱ》这件有点趣味化——我当然不希望我们的谈话对你以后的判断有什么影响，但是为什么我那么强调《你的身体》这件作品？一个旁观者和一个创作者对每个作品的判断肯定是不一样的，从我的角度来讲，想从系列中看待作品所处的地位——这样看来，这个作品中的这个因素本来是你在《你的身体》中剔除掉的。

向京：恰恰《你的身体》里的纯化的意义是我在之后的表达里打算放一放的东西。外在元素和情境设定倒是我一直感兴趣的，包括你们所说的叙事性、情节化，但是趣味化是我很抵触的东西。

黄专：那个气球就很"趣味"啊。

向京：怎么说呢，你趣味地去看就肯定会变成趣味。

黄专：而且你还把它弄成亮的。

向京：这个……我当时倒是有点含糊。可能在个展上，一批作品一起，我想说的那个意思会更清楚一些。单看一件的话，这件是太过可爱了。

黄专：对，"太可爱"是有问题的。

向京：这个展览里，我的确就需要一个特别可爱的东西。只能说等作品全拿出来再看吧。

黄专：当然和原来那种浴缸、卫生间的作品意义肯定不一样。我要说的还是一个意义因素，你希望增加人体的因素，但人体对你来说不是一个题材，基本上不过是一个媒介。罗恩·米克 [Ron Mueck] 还是希望用身体表达某种东西，比如说他做《死去的父亲》[Dead Dad, 1996—1997]，很显然人体对他是一个意义元素，但人体对你就是一个媒介，一个附带的东西——也不准确，就是意义本身吧。突破以后要再怎么弄的确是一件很麻烦的事情。

向京：我很看重一个持续性。人要超越自己是很困难的事，要持续不停地成长和进步也是很困难的事。不管是我自己还是对此感兴趣的人，我们只能共同期待，等我把这些东西一层一层慢慢揭开。我想我已经超越 2005 年个展 ["保持沉默"] 的状态，我现在脑子里就像有一盘棋一样，每一步我都想把某个问题尽可能说清楚。如果不说清楚，肯定会有不断的像你这样的疑问，甚至我自己都会有很强的疑问，我会不知道自己想说什么。今年 [2007 年] 这个个展 ["全裸"]，我想把一个局部挖透，想建立一个结构。譬如看电影，进入一个局，慢慢找到线索，每个人根据自己行走的路线了解整个的结构。这只是我做艺术的一条线，以后还会有其他部分。我希望有可能把这些慢慢地串起来，做成一个大的结构。

*

向京：这批作品里还有一个以前没有涉及的部分，包括这次去台北诚品展览的两件——洗脚的那一组 [《一百个人演奏你？还是一个人？》] 和《我们》[2007]，我想做的是一种关系，人和人之间的关系。

尤永：洗脚这个是特别奇怪的一个案例，每个人都想看出这组作品的复杂性，其实它要表达的意思又很简单。艺术家在有了自己的风格之后，更大的挑战是建立个人系统。2005 年应该是你创作的一个转折点，我们非常清晰地看到，一个属于你的个人语言系统是从这个时候开始建立的。

向京：情境感很强，但又偏离日常经验，所以奇怪。以前我那个世界是比较独自的、关闭的。我自己对人的认识——本质问题在于，每个人就是每个人，就是一个个体，对方——"你"，永远是他者，是一个彼岸，是永远不可能到达的一个地方。人是孤独的，这是一个人的本质问题。当然也是在这个认识基础上，人类是绝对的群居动物，从自然界来讲人类是体能很弱的一种生物，但是他就因为群居、扎堆、够聪明，自己能建立社会，建立更复杂、庞大的社会关系，所以他能成为这个世界的"王"。你认识到，人是孤独的，但他是群居动物。所以人和人之间的关系很重要，在我的作品里可以找到这种关系中可能存在的温暖的东西。

尤永：《一百个人演奏你？还是一个人？》这件作品，当时在工作室里看着一个个孤立的人时，完全想象不到最后是现在这种效果。

向京：对，谁都想象不到，广慈都想象不到。

尤永：你是随意放置的还是有意构建的？

向京：当然不是随意，是深思熟虑的，整个展览蓄谋已久。你必须强忍着才能把这个作品完全做完，因为当时太多分叉了。

尤永：这个太了不起了，你的脑子就像在构思一部交响乐，每一个乐章的创作都是相对独立的，但是在乐队演奏之前，除了你，谁都不知道最终的效果。做雕塑比较难的就是老得忍着，你有了激情，有了想法，到最后实现出来，过程太漫长了，要经过太多工序。不像绘画，那种表达的快感是即时的。

向京：对我来说就是做了个试验——你怎么样才能把

这种内在经验转换出来。

*

尤永：它［《一百个人演奏你？还是一个人？》］是非常含混的，不是那种非常明晰、直接的。和你过去的作品不同，它呈现出某种叙事性结构，让人感觉到背后是有故事的。

向京：因为我觉得我一直寻找的就是雕塑——这种完全静止的东西——里面的一种可能的叙事性。我为什么始终坚持做细节？细节从一个作品最终概念抽离的总体含义来说，是没有意义的，比方说你想表达一个意思、表达一个概念，做那么多细节有意义吗？每个人都（做得）不一样有意义吗？但就是这里面恰恰有我酷爱的一种叙事性的方式。当你看着的时候就很容易被这细节吸引：这人长得怎么这样？她的肤色、动作和姿态，每个人都会不一样。静止的雕塑就有了一种可阅读性，时间和运动的元素在里面产生了，这样的艺术就可以被看到、被感觉到。

尤永：这件作品传达出你对这种丰富、庞大和复杂性的一种热爱，这在你以前的作品里很少见到。

向京：我这件作品还想表达人一定要在一起互相温暖，孤独的人需要帮助。

尤永：为什么全都是女人没有一个男人呢？

向京：这不是关于女人身体的一个展览吗？不过这个作品讲的不是关于性别的事，只是用了女人而已。

尤永：为什么要做她们在泡脚呢？

向京：洗脚对我是很温暖的经验，我小时候经常跟我弟弟在一个脚盆里洗脚，而且一边洗一边聊，水凉了再热，再凉，再热，一泡能泡几个小时。所以在我的印象里，很多人在一起泡脚是很温暖的事情。当然你不大可能在日常生活里看到一大堆人在一起泡脚。

尤永：我有过这么一个经验，在日本的和歌山，山路旁边有露天的温泉，石头砌的小池子，温泉汩汩地冒出来，三月份乍暖还寒的时候，路上的人走累了，就会把裤子卷起来，一边泡脚一边聊天，互相都不认识，男的女的都有，中年妇女居多，就在路边泡着，挺有意思。

向京：没见过，就是这意思。我有过这么一次有意思的事，就是产生这件作品的一个比较直接的导火索。有段时间，每年春天我就在上海师范大学旁边的桂林公园拍照片，南方春天的公园里全是花落花开，非常漂亮。我叫了几个女孩，东找一个西找一个，互相不认识的，看形象不错就叫在一起去拍照片，我当时想拍一个大场景。去深圳展览的一个作品就是这个时候拍的。

尤永：去年在深圳的"预感"展，我看了，第一次展出了你的图片作品。

向京：我做了一个灯箱，很幼稚，黄专勉强同意我展。当时那几个女孩互相都不认识，她们在河那边，我在这边，她们完全不知道我在干吗，我也没告诉她们我要拍什么。我把她们的位置安排好，就让她们随便走动，然后我就在那儿拍，也不管她们在干吗。她们坐在那儿无聊嘛，就开始在一起聊聊天，说说话，很自然地熟了，慢慢就有肢体的接触，有的累了、乏了、烦了就这样靠一靠，抱一抱，你弄弄我，我弄弄你。这关系特美。在一片桃花下面，那风一吹，落英缤纷。

尤永：整个一《游春图》。

向京：我当时就一股暖流涌上心头，这东西在我看来是非常温情美好的一种简单情感。如果人一定要相处的话，我就想探讨有可能性的一种方式——温暖的方式。

尤永：男人世界的关系一般都是《最后的晚餐》。

向京：（笑）女人世界就在洗脚。

尤永：那鹈鹕呢？

向京：鹈鹕能让人联想到水，它不是旁观者，可能是其中的一员，可能就是其中某个人的宠物什么的，它是一个水的意象。众多因素可以把情境从一个绝对日常性的东西里抽离出来，细节很真实，但含义是完全抽离出来的。

*

朱朱：怎么会在创作中转化为一圈洗脚的女性？

向京：肌肤相亲的关系经常让我觉得很温暖（和性无关），那情景只是个引子。后来在想具体作品的时候——她们那天坐在水边——我想到水的题材，又想起小时候和弟弟一起洗脚的情景，里面也有一种情感的东西是一致的，都是一种温暖的传递，所以做了一圈洗脚的，有种非日常的感觉。

朱朱：仪式感？

向京：不是仪式，是超越日常——谁会没事看到一圈没有头发的裸体女孩在一起洗脚？这种情景的设定让人从日常中抽离出来，去理解里面抽离日常的情感化的东西。有很多表达方式、语言方式是在当代艺术里面被否定的，但我还是觉得可以用，恰恰只要传递到位。

朱朱：这件作品是否被你看成自己的女性主题表达的结尾？

向京：没这么想过，不过你这么说也可以。另外的巨大的《敞开者》这件应该是这个话题的终结版，也可以说是另外的线头。

朱朱：怎么理解？

向京：《敞开者》是这个系列里唯一非性别题材的作品，它可以说超越了性别，里面也讨论了一些有关东方美学的东西，这些都是以后可以继续的。语言上也有一些试验。

*

向京：当代艺术很多问题一定要从价值观本身，从最根本的东西去寻找出路，很多艺术家自然而然就想从自己的文化性上去找。我当时进入的就是宋元山水这块。

魏星：这个文化到了宋以后，实际上就开始没落了。

向京：研究文人画的很多，但是我恰恰觉得文人画开启了中国画的衰败过程。

魏星：尤其是董其昌这些人，代表一种太小文人的东西，失去了精神的力量。

向京：对宋元山水这一块的学习一下子不好消化。我到现在有一部分也挺茫然的，理解有限，如何进入作品也是问题。但我在做这一批女性身体时，最大的那个女人体——《敞开者》，还有洗脚的那件，就是把我对这部分的获得尝试放进去。它里面至少可以提供两个东西：一个是人和自然的关系，就是人的自然属性，因为它对世界的看法，肯定不是在外在政治化的社会表象当中，而是对自然本性的一个解读，这样一个部分，跟我的作品有关联；另外还有一个审美体系的部分，你怎么样去提供属于东方美学的审美情感，当代艺术中很多概念都会被这个东西消解。我只是吸收到一点点养分，非常肤浅，在我看来，这已经让我的作品有了跟西方艺术挺不一样的气息。

魏星：对，你以前的作品还是很西方的东西，表皮的东西其实比较多，但到现在你做那么大的一个敞开的人体，它实际上也不能完全看成是一个女人体，因为她女性的这种性别的属性并不是那么强烈，她是一个自然人，一个自然属性的东西，空间一下子就扩开了，就像大地母亲一样，或者是看范宽的山水画一样的感觉。你现在的雕塑给人传达的是一种精神气质，是非常东方的东西。

向京：我期望能传达这样一种精神。

魏星：这种精神气质很沉静，带有很深厚的东西。

向京：就这个问题，很难在西方的艺术里面找到一个可以参考的文本。这在《你的身体》和《敞开者》两件作品比较中会很明显。我是想违背当代艺术的很多界定去做一个作品。希望我能继续沉下心来，去研究这一部分。

魏星：这一块，你一定要做下去，不能把它放弃。

向京：会在未来的作品里面更好地呈现出来，因为后现代的概念、当代艺术的概念中，大部分是在解构、消解，但是建构很重要，就是你推倒之后怎么样去建立新的东西。拼贴和挪用，还有感官化，肯定会让艺术变容易，越来越走向庸俗和低智——很容易进入，很容易消化，很容易消费，但是我希望去做一些更有建设性的东西，比如提供价值观上的可能性、美学上的可能性。

魏星：我觉得你所说的这样一种境界，在你的作品《敞开者》中实际上一部分已经开始有端倪了。

向京：性别不重要了，她有一种完全安静的气质。

魏星：她安静，不是那种阴的安静，不完全是一种阴的东西，而是很阳的，同时又比较阴，是雌雄莫辨的感觉。

向京：这种东西我真的是从东方文化里面认知到的，东方文化就是一个平衡体的状态，里面有雌雄莫辨的气质。

魏星：对，东方文化里面是有这样的因素，好比说以前印度的佛教文化，还有中国古代的佛教文化里面，观音，他实际上同时是一个男性和女性，神话里都是雌雄同体的。

向京：是这样的。这里面所能传达的力量是什么？我一直认为西方的文化或者它的艺术有局限性，它的针对性特别强。像《你的身体》这样的东西，还是更接近西方体系。你把《你的身体》和《敞开者》这两件搁一块比较，我曾经做过一个形容，我上一个展览名叫"保持沉默"，《你的身体》有一个劲儿绷在那，就是"我不说"，僵持着，这种东西成为很强的对抗性，这种沉默是一个无比巨大的声音，它用沉默在发声，是这样的一种力量。但是《敞开者》对我来说，是一个散播开来的力量，它没有使力，但是它的这种力量完全散播在外面了，让周围沉默了，它展览完了一直在工作室里放着，那个气场太强了。

魏星：这个有点道家负阴抱阳的感觉。

向京：它不是那种简单地针对某一点去使力，它就是这样散播开来，这个气场自然就在了，"气"这种东西很难解释到底是什么！我希望这个东西越做越能走得更远，它能产生针对西方体系有效的对应的东西，现在这样的时代，你最好把交融的文化都能够弄清楚。

魏星：其实能够把两个都超越更好。

向京：你不能回避这样的一种交流，我不愿意做鸵鸟。

魏星：对，现在很多的艺术家，因为是中国人，就一定要打中国的符号，打中国的品牌，所以做东西还是那样东西。但是实际上你的作品，是有东方的那种精神在里面，但是同时也超越了它，不是以肤浅的方法表现出来，而是表达了一种普遍性的东西，一种在西方文化中也存在的东西，只不过在西方是以隐性的方式存在，不是主流，但是它仍然有这样存在的基础。比方说西方文明的源流是古希腊哲学，古希腊哲学有德谟克利特的原子说，但是也有赫拉克利特的强调直觉的东西，跟中国的思想很接近，跟道家学说非常相近，他说过人不能两次踏入同一条河流，非常辩证。

向京：所以西方人对"道"的认同感很强，容易明白这个东西。

魏星：其实西方也有这样一种性格，只是在文化中没有明显地显现出来，是一种隐性的东西，而东方也有西方那种强调逻辑和实证的东西，像法家和墨家的东西跟西方是比较接近的，但是后来由于儒家和道家太强大了，把它们给遮盖了而已，但仍然有这么一个线索。实际上，我觉得，真正的意义在于能够把这两种思想统一起来、融合起来，然后再有一种超越。

*

向京：陈老师，我插一个问题，因为这也是我一直特别不理解的问题：陈寅恪用最后很多年，我不知道具体是多少年，写了《柳如是别传》，我不知道您怎么看，他这么大的一个学者，为什么花那么多时间去写这样一个人？

陈嘉映：有一种说法说那是他晚年的游戏之作，这种看法我不接受。我有一个朋友，叫王焱。王焱是个人物，他80年代时候是《读书》杂志的执行主编，那时候《读书》杂志影响特别大。他世家出身，又博闻强记，中国的文化人他全知道。他有很长一段时间都在研究陈寅恪，也写了一本书，但是始终没有杀青。我老批评王焱，觉得他太名士派了，他非常棒，但是不像个劳动者。书应该早就差不多写成了，但他还在那儿不知磨磨蹭蹭什么。但是他对你这个问题的理解我是最赞成的。他认为陈寅恪看到几千年来的大变局，给自己提出来一个中心任务，就是中华文明大统还有没有希望？或者说，谁是中华文明的托命之人？因为他爱这个文明爱得不得了，要弄清楚这个文明的血脉是怎么传承的，这个香火是怎么传下来的。如果我们弄清了它到底是怎么传下来的，也许就能看到它还能不能传下去。他研究隋唐政治，说单一民族时间久了会衰落，它需要民族融合的新鲜血液，所以他对隋唐特别感兴趣，他研究李氏家族的族谱之类的并不完全是偶然，他认为隋唐是中华文明通过民族融合的一次复兴。在隋唐时，汉族人跟藏族、西北的民族在生理上、血脉上交流，他研究敦煌文化，因为那里最鲜明地体现了汉文明跟佛教等异域文化的交流融合、新的思想上的冲击和回应。据王焱理解，陈寅恪通过对明清变局的理解，悟出来中国文化的托命之人并不是士大夫，而是柳如是这样的人。首先是女性，社会的边缘人，不是从上层来的，可她们有着很好的文化素养。她们不是主流士大夫、文化人，但对我们这个文化的实质反而理解得特别切实，是这样一些人托住了中国文明的血脉。大概是这么一个意思。所以他对柳如是这样的人有兴趣，把她的生平事迹和社会环境通过这么一本大书考据下来。当然他是春秋笔法，只讲故事，不做评论。我自己也读了《柳如是别传》，没有王焱那么深的中国文化和古文的功底，但王焱这么讲我觉得是相当靠谱的一种解读。哪怕没有这样深的理解，你读下来，会觉得陈寅恪对柳如是这个人敬佩有加，她的内容丰富得不得了，不光是一般我们所说的文化，她有灵魂，跟文化相交织。文化的东西，刚才用风雅这个词儿当然是过了，但的确，文化太文化了，风雅的东西太风雅了之后，灵魂就流失了，没有那种血肉、那个灵魂，文化就飘起来了。血肉和灵魂才成就文化。而文化要传承呢，不能太高不能太低，始终要有血肉和灵魂。

向京：刚才听您说这个托命之人是女性的时候我已经很吃惊了，我觉得无法想象，在中国的文化和传统里面能够去认可这么一个概念。

陈嘉映：反正我记得王焱就是这么说的。

向京：我听了非常新鲜，您刚才说的这一堆，还有"灵魂"，好像在中国的文化概念里面也很少能听到这个词儿。

陈嘉映：或者我们就用"心"也行，文化要沁在心里，不只是有文化修养，还要在心里有那个东西……

向京：是反映心的。

陈嘉映：对，能反映心的，这样的文化才能往下传，不是在表面上传承，最后成了旅游文化的那种东西。所谓传承，不是不变，文化一定会变，因为心变了嘛。那个变是实实在在的变，不是一个流派、一个潮流。不是说不管传统什么样我们都要继承传统，你只能从传统中汲取你感觉到的那个东西，而不是说这个东西好，我把它复制了传给下一代。你面对的是当前的世界，你从传统中汲取力量和意义。

向京：这个真的恰好也是很多艺术家目前在想的一个问题。

*

向京：我对当代艺术的很多概念不以为然。比方说，当代艺术反对"真诚"，反对情感的部分，是去个人化的。拿真诚来说，上次我在北京看了皮娜·鲍什 [Pina Bausch] 的演出，一个《春之祭》[The Rite of Spring]，一个《穆勒咖啡屋》[Café Müller]，她这两个作品都是比较早期的，皮娜·鲍什的很多作品很奇怪、很夸张的，这两个是比较容易接受的那种。当时我是怀着有距离的心态去看舞台剧的，还坐在二楼，但看的时候很快就进去了，非常非常感动。其实她是一个如常叙述的状态，就像我在上次和你谈话时讲的："为什么不从正面去做？"

当代艺术的很多观念是建立在解构的基础上，为什么曾经用的那种方式不能去用呢？皮娜·鲍什的东西其实是很正面、很常态叙述下的一种作品、艺术，而且，她太真诚了，以至于非常动人。至少，首先你被她的真打动，她悲伤就真的悲伤，她恐惧就真的恐惧，她不回避这种传统艺术当中经常用到的手法，这种手法却一点没有损害她的当代性，没有损害她直指当下一些问题的这种锐度。她找了一些完全不专业的演员，她有一套特殊的训练法，就是随便什么人，她先教他们跳舞，基本的状态就是让演员脱掉"外衣"，让他们会表达，我觉得每个人剥开到最深层的东西都是可以相互接近、相互明白的，能够相通的。

尤永：今天艺术的价值系统和过去有很大不同，当代艺术一定是放在艺术史和文化史的脉络中呈现，当代艺术作品的生效是在一个相互关联的连结中产生的，在阐释中产生价值，如果去掉文脉和特定的创作情境，作品几乎就没有意义。所以，当代艺术创作变成了一种间接性的书写，每一件作品都是艺术史的艺术。上述现象利弊互见，也为聪明者提供了名利场中的窍门。你的创作是内向的，也是直接的，为我们打开了一个新的窗口——基于个人的感性力量，在触摸到人性本质的同时，更加接近艺术的本质。这种创作中的直接性非常可贵。

向京：文明的积累教化，资本和信息的包围，（导致）现代社会完全把人性包裹起来，人认识的世界越来越外化。我觉得艺术就是人用来表达对世界认知的一种方式，现在很多人是靠"知道"，他对世界的认知是靠信息量的积累、信息广泛性的积累来获得的，所以现代人特别想知道得更多，也容易得"信息缺乏恐惧症"，现在信息的获得也特别容易嘛，所以我就说我们所处的这个世界非常地外在。

尤永：这是今天的现实，人正在成为资本和信息的奴隶，被驱使、被控制。有一个调查表明，三十岁以下的年轻人在行为习惯上大多倾向于认为，google（谷歌）或百度上搜不到的东西就不存在。信息泛滥导致拼凑代替创造，专注和深入的能力普遍缺乏。别人都很难想象你的工作状态，每天八点钟到工作室，做到天黑，天天如此。

向京：内在经验被忽视了，个人由于自己的独特经历而获得的独特的认知世界的方式，被彻底忽视了，原本对事物直接的感受力也丧失了。这些信息其实即便你全都不知道，一样可以明白这个世界。这个时候你就可以独自去想这个问题，你获得认知这个世界的方式是自己这个结构里面的，而且可能更本质，因为你知道那么多后，这些信息里各种各样乱七八糟的什么可能性都会有，对你的判断力实际上有很大的影响。这就是我讲的外部、太过外向的一个世界对彻底的内在经验的一种伤害。

尤永：这使得向内挖掘的个人系统的建立变得非常困难。在艺术史上，个人系统的建立都是闭门造车、孤明独照。

向京：这是黄专做一个展览时说的一句话给我的启发。我希望我做东西能直接进入内在经验（知识结构的建立会有帮助），一个内在的世界，而不是外在的世界。我去年看了一年的展览，从欧洲看到美国，被选择过的当代艺术几乎全是外在经验的，包括时效性作品，包括所谓现场，它追求有效、通用的东西。比如"环保"时髦，大家都去做环保；"恐怖主义""后殖民""全球化"什么的成为基本话题。真正内在经验的作品越来越少，在大的展览里，几乎没有。在有效而强大的阐释机制里，连观众的直感都被破坏了，艺术变得很无聊。

尤永：内在世界的挖掘和呈现是一种古典经验，但在今天为我们提供了一种新的方向。

向京：这个内在经验最重要的还是人性，这个人性无所谓国籍、年龄、性别。

＊

向京：按照您解读一个作品的这种路径，您对大部分的当代艺术作品怎样去介入呢？

戴锦华：没法介入，完全没法介入。其实我会很胜任。我觉得我可以胜任当代艺术的阐释者，因为我的批评和分析方法本身有极强的观念性，有极强的理论和立场的预设性，在这个意义上说是和当代艺术的调性一致的。

向京：而且当代艺术很多时候是一个方法介入，所以你要了解它的那个方法……

戴锦华：它的那个主要的方法，其实是在召唤观念性的阐释——我说在这个意义上我可以胜任，但是它对我来说没有召唤性。因为对我来说这种批评方法的快乐是在于当一个侦探，或者是以文本为素材讲述我自己的故事，而不是在已经设定的解读路线之中，用另外一种介质去复述它，就像复述课文，我就觉得没有任何的挑战性，没有任何的快乐。同时在经验层面上我经验不到它作为艺术，这是最大的问题。

向京：我始终有一种感觉，就只是感觉而已，在当代艺术的创作方法里，艺术个体特别模糊，它是一个方法介入的工作，因为方法这个东西是外在于个体的，谁都可以用，所以它特别缺少这种个体性。解读它好像也容易，你觉得这个艺术家用了这个方法，就拿这个工具用这个路径进入，另外的就换一个，有点像做数学题，几种算法的概率，背后路径相似性特别高，连撞车的问题，只要聪明点都可以用算法解决。

戴锦华：但是反过来说，在这种可操作的情况下还能够以某种程度完成自己签名的就是艺术家了——仍然用某种东西特别朴素地让你眼睛一亮，甚至你可以辨识出这个可能是谁的作品。

向京：比方某一个作者所有的作品里面，可能同样还是用这些路径、这些工具，但是你在里面辨识出一种无法言说的某种气质或者什么东西，打动人的东西，这时候你会发现这个作者的特点。现在每个作者那个所谓独自的"宇宙"失去了，那种生命感没有了，或者不再重要了。

*

阿克曼：按照我的理解，今天做艺术家只能从自我出发，只能依赖自我。这句话需要解释，这个自我不是以自己为中心，不是自以为是，也不是个人主义，我想用一种比喻解释：真正的艺术家在创作的过程当中，如同行走在一个无形、无垠、黑暗的宇宙里面，宇宙没有方向和目的。这是做艺术跟科学研究或搞哲学最根本的区别。过去的艺术家行走在这个宇宙的时候，他有基本的依靠和上帝安排的边界，帮助他的这个系统叫"宗教"。以博斯 [Hieronymus Bosch，1450—1516] ——一个 15 世纪的欧洲大师——为例，无论他遇到了多么大的残酷和恐惧，他知道，宇宙有上帝安排的秩序——地狱、人间和天堂，上帝最终会托底。他在这个可怕的空间里有安全感和安慰。无论是博斯的基督教或八大山人的道教，都是宗教信仰的依托。今天的艺术家早已失去了这个依托。他／她不仅失去了宗教系统，也失去了审美系统，他／她在既令人恐惧又有魔力的宇宙里行走的时候，只能依赖自己——他／她的自我。这是可怕的，艺术家面临一个寂寞、恐惧和迷惑的状况，没有上帝来引导你，你需要更大的勇气和至诚。大部分当代艺术家缺少这个。他们躲避寂寞、恐惧和迷惑，制造一种个人的系统。这是今天流行的观念艺术的来源。他们的宇宙不可避免都是苍白和狭隘、非常有限的。看这些作品使我不耐烦，顶多我明白你的意思了，你有这么一个想法，你有这么一个概念，你有这么一个目的，就完了。他们用或多或少的才气制造了某个想法或概念的插图，明白之后我就没兴趣了。

向京：我做艺术的过程中有很大的困惑，来自跟你一样的认识：难道艺术就是这些观念吗？差不多在20世纪90年代的时候，迟来的西方观念艺术在中国很流行，试图在美学上打破既有的规范，拓宽了许多语言、材料的使用，它的背后是一套后现代理论和问题，所有"先进的"在中国都会掀起一阵热潮，有些人会觉得自己掌握了某种权力，可以评判这个艺术家的作品是当代的还是非当代的。当时我就非常困惑，艺术并不是像数学一样的，一加一等于二，有一个什么公式，有对有错。观念艺术首先消除的是艺术的视觉重心，没错，艺术是一种思维轨迹，但我不觉得艺术是呈现抽象思考过程的最佳工具，因为它毕竟是一个视觉化的结果。我觉得仅仅是所谓观念的东西真不如去写作，文字一定更善于把逻辑性的东西说清楚。其实西方的观念艺术在它顶峰的时候已经显现了危机，而从方法论入手也让国际范儿的当代艺术真的有一套"公式"，你在国际大展上能大量地看到那些"公式化"的作品，它们看上去很令人费解，但懂得它也不难，其背后有一套强有力的阐释机制。我们看到的一些当代艺术，更像是小圈子的文字游戏，艺术的自证能力越来越差。在反主流价值的同时，观念艺术成了绝对的主流。观察这些慢慢加深我的怀疑，我不反对观念的艺术，但艺术不至于是"进步论"的逻辑，有先进的媒介和落后的媒介之分，艺术需要用特别的语言去说话。所以我尝试着用一些已然"过时的"语言去说话，对应"当代的"问题。

*

魏星：所以你的作品，更加关注的还是非常个人化的、情感的东西。

向京：很多人会给很多形容词，诸如迷茫、无辜、惊恐，因为它很明显有一个什么表情，就像你看另外一个人，面对面，就是有这种感觉。他说你为什么这样做，实际上会削弱你很多观念性的表达，应该是一个没有脸，或者说没有五官强调的东西。我说恰恰我坚持所有这些细节。这个东西对我来说，就像阅读一样，有一个历程。我利用了一个人的日常经验的部分，它的身体上，你会不停地发现，这儿还有一个伤疤,这个手长成这样,指甲怎么怎么样……通过这样一种经验的载体,再去重现更复杂、更丰富的精神性,这就是一种转换,需要一个阅读的时间和过程,它会有很多层次。如果仅仅是一个直接观念的表达的话,我觉得我还不如直接说一句话,会比这个要更有力量。我说过《你的身体》这个作品,就是因为"这是身体给予腐朽灵魂的一次震撼"这样一句歌词来的。就这么一句话就能表达,那我为什么要做这个东西?用雕塑这么古老的方式去做艺术的时候,什么东西能够做,怎么样去做,怎样传达才有可能,也是我一直在想的一个问题。

魏星:我们常说肉体是灵魂的禁锢,这样一看,好像灵魂是肉体的禁锢一样了。

向京:也不是,原来我想不明白身体这件事,我还没有界定好,不知道往哪条路上走。对"存在"这样一个事实有太长时间的怀疑,导致我能够持续做这么长时间的艺术。后来我发现,经验性的东西一定要有一个附着的东西,这个理解证实了身体的存在,后来我也开始慢慢发现身体在我这儿作为载体,它本身的力量所在。

我理解崔健这句话,"这是身体给予腐朽灵魂的一次震撼",并不是说灵魂真的腐朽了,而是说你真的忽视掉自己身体的存在的时候,灵魂无可附着,它就会变得更加虚无，没有意义，没有存在的可能性。在灵魂受煎熬的那样一种人的眼睛里，肯定能看到这个时代的物质主义与过度享乐，所以，我们的一切，尤其是一种价值观的东西，全部是在一个非常物化的层面上去判断的。身体作为让我们可感知的基本存在应当被唤醒，成为原始的力量，直指灵魂。如同我们看皮娜·鲍什的舞蹈，这样的艺术特别给我信心。

*

魏星：对。可是人们对于当代艺术有误解，就会说这个东西不观念、不概念，应该把所有的这种细节都抽取掉。

向京：包括情感的东西，这种所谓很暖性的、很潮湿的东西。

魏星：这些都已经被所谓的当代艺术给洗脑了，因为他们把这个东西视作唯一的模式，觉得这样子才是所谓的当代艺术。艺术实际上就是你刚才说的皮娜·鲍什的那个演出，它实际上有这种力量，可以引起人的通感。她在那儿演出，虽然你们之间有距离，但是她的那种感受，当时的那种内心体验，她的情绪和心理变化，你是可以通过观察她肢体上的表现同步去感受的。但通过文本，通过概念的东西，你无法形成这样一种力量和感受。

有一些批评家说你的雕塑不够当代，而我觉得他们说这句话，并没有经过非常认真的思考。当时我就反问，什么叫当代？当代性是什么？就像我们说现代化、现代主义和现代性，这几个东西，实质上是不一样的概念。它们有共同的东西，但所指的范围还是不太一样的。有些是比较具体的东西，有些是比较概念的东西；有些是一种主义，是一种意识形态的东西，有些只是一个具体的生活方式和生产方式，或者是一种社会的组织形态、社会结构。当代艺术也是这样的，什么叫当代？当代性是用什么样的参照体系来界定的？从你做雕塑这一块来说，所谓的当代雕塑与古典雕塑的区别在什么地方呢？难道说是空间和体量的因素吗？是因为空间和体量的改变，它才当代，还是像当年达明·赫斯特做那个《赞美诗》[Hymn, 1999—2005]一样？你知道这个作品吗？就是我们以前看的一些医学教学标本里人体的半身肌肉和器官结构模型，他把那个东西整个给放大了。他用铜这个材料制作，然后表面就用油彩去描绘，巨大无比。如果把它放到一个普通的尺寸，它就是个医学的教学工具。但是你把它放大到几十倍以后，放置在特定的空间里，就成为当代艺术了。所以有人说，你做当代艺术，做装置、雕塑也好，你把它放大一倍不行，就放大两倍，不行再放大十倍，放大二十倍。这样的话，越大就越震撼，空间和体量是它唯一的因素。我对此很怀疑，因为我觉得形式感和审美的因素，还有情感的东西，还有题材，对于当代艺术来说仍然是非常重要的。如果有的人说你的东西不当代的话，我觉得这是一个非常值得深入讨论的问题。所以，你是怎么看你自己的作品？你认为它是当代的，还是你并不在乎所谓的当代不当代？

向京：我肯定我在做百分之百的当代艺术。所谓的当代性在我眼里，主要是反映当下存在的一个东西，不管你是从什么角度，用什么方法。中国当代艺术在价值观上相对单一。我对艺术的态度是非常开放的，在我看来，艺术应该是多元的，因为人总是渴望不停地往前走，不停地创造一个新的价值观和一个新的体系，从这种角度来讲，任何一种尝试都是可以的。本性上说，其实我爱好特别广泛，电影、文学、图片、画画、装置什么的，我都非常感兴趣，包括做行为（艺术），但这么长时间都在做雕塑，而且还用很传统的手工方式，多半是源于一种逆反心理。很早就有人很清楚地告诉我，向京你这样做太不当代了，你干吗不去做装置？没人说就算了，一说，我就觉得特别扭，为什么不啊？为什么装置一定就当代了，雕塑就不当代了？我觉得没道理。我很多这种行为的一个指向，都是由于我内心逆反。比方说玻璃钢怎么用,艺术家最早用它的时候,就是因为廉价,我最喜欢它是因为它完全没有性格,反而有很多可能性。包括着色,我就想用最简单的方法传达一个跟你的日常经验非常接近的表面。人家就觉得手工画,这多不当代,弄完了你还画一遍。我觉得为什么不能,办法不重要,最重要的是经验和观念性的当代。有一段时间,我喜欢用最简单、最土的技术做尝试,比如用傻瓜相机拍照片。这就像中国古代的乐器,都特别简单,但全看用的人,他的天分、悟性、修养和理解。从某一个角度来讲,我这个人是人性主义者,相信和尊重人性的各种可能。一切最终落到人,每个个体,所以我一直坚持做那种暖性的成分,艺术一定要有非理性的部分,这个就是人性的东西。

*

杭春晓:不管怎么说,我看向京作品,从作品的挑逗到一种熟视无睹的冷漠感,引导了我们看到一件雕塑中艺术家的一种自我状态。

向京:也许就是这样。有一点,我从来就不认为自己是在做雕塑。在中央美院的时候,我就没有认为自己属于雕塑的范畴。

翟晶：作为艺术家，有着自己的出发点，是没错，但是一旦你的作品诞生出来，被大家接受的时候，就必然会产生一个别人对你怎么看的问题，而不再是你自己怎样看的问题了。

王春辰：这其实涉及两个系统的阐释。就像当代做影像的，很多影像艺术家虽然用的是图片，但他不认为自己是摄影家。当然你可以说你使用了打印，你就是摄影，你怎么会不是摄影家呢？而且人们也不认为他是传统摄影家，而是艺术家。其实，它们之间是混合的，不可能界限很明确。向京在这里也一样，她不是为了雕塑而雕塑，像传统的雕塑是建立在雕塑语言的批评上，向京是借雕塑在说话。

向京：这其实是解释系统的选择问题。就我个人而言，第一，我做人，所以刚才我很高兴听到杭春晓看到了肚子而不是雕塑；第二，语言上，我做雕塑的视觉经验会跟影像更接近，或者跟其他的表述方式更接近，跟文学或者是其他什么，而不是习惯中的雕塑。

杭春晓：不可否认，向京的东西与我们 1949 年后语境中的雕塑是不同的，但是，我想问向京，你借以表达你所谓的文学或其他什么的主要手段是什么？你作品中以空间塑形的手段难道不属于雕塑的范畴吗？

向京：我不否认它的雕塑范畴，但肯定不是传统定义下的雕塑。

杭春晓：那么，我可以说你声称自己不在做雕塑仅是个姿态问题。比如讲到女性主义的时候，你说"我不是女性主义"，其实这仅是一个姿态。实际上你更是以一种自我的方式来选择手段进行表达，而因为习惯中雕塑概念与你试图进行的表达有所矛盾，于是你干脆就否认自己从属于雕塑，以便策略地引导他人将你的作品与习惯的雕塑区分。但在我看来，这种话题的回避其实完全不必，因为承认自己的雕塑属性，才能更清晰地呈现你对雕塑作为艺术存在的理解与认识。

魏星：对，我同意。我觉得向京的作品就是一件雕塑放在那儿，没有必要简单地否认。

向京：不是简单，对我来说，我考虑问题的出发点肯定是不同的，我依赖的是对事物本身的经验和看法，而不是雕塑的手段。我不是一个以追求雕塑为价值核心的艺术家，这是目的和创作手段的分别，不要本末倒置。

杭春晓：我从来不怀疑艺术家的直觉性与经验性，但也正是这一点，我也从来不相信艺术家所说的就能代表作品的意义。正如你声称自己的作品不是雕塑，在我看来仅是一种姿态。而抛开这种姿态性的影响之后，我们才能在艺术史的逻辑中寻找你的雕塑的意义。除那种细腻的雕塑手感之外，我们还能发现一种脉络，就像德国新表现主义 [Neo-expressionism] 20世纪80年代以后的出现，回归到以前的表现主义语言的时候，它经过观念化的一种呈现，实际上已经产生了一个变化，它提供了一种新的视觉方式，成为拓展艺术史、艺术作品自身的一种语言、语意阐释系统。而向京的作品，与我们过去单纯强调空间性表达的雕塑有所不同，她的作品大量的是与环境氛围的一个场景连接以后，才更能产生一种意义。而这种表达方式，也是在20世纪下半叶这样一个前卫艺术，以及新的如装置、行为等艺术形式的语境中才会出现。正是因为有了这样的知识背景，雕塑才有可能从单纯的空间性艺术走向观念化艺术的存在方式。实际上，这是一种重构经典艺术形式的艺术史活动，正如后现代主义很多情况下是用一种经典的视觉形态，结合20世纪带给我们的现代主义运动的观念化表达，重新寻找一种稳定的视觉经验。不可否认，如果没有20世纪观念化艺术表达，没有装置，没有这些艺术的出现，向京的作品也就无法出现。

王春辰：古典艺术也强调环境，比方古希腊的雕塑，它也跟环境有关，跟建筑在一起。

杭春晓：但是古希腊一件雕塑作品，它的雕塑性自身的自足性是非常完美的。今天有很多作品，你必须将它置于一个环境中，它这种自足性的语意系统才合法，才充分，才生效。

魏星：我挺赞同他说的这一点。因为古希腊的雕塑跟环境结合虽好，但是它的雕塑完全是一种功能性的东西，是一种仪式，是一种功能，完全是一种装饰的还有结构的功能，但向京的东西不是，她的东西并不是装饰某一个空间或者某一个环境，它是跟环境和空间发生意义上的关联。

杭春晓：我想说的，恰恰是因为有了这样一个当代艺术的发展契机，才会带来经典艺术形式新的发展。这种现象并不奇怪，就像德国新表现主义，法国的新具象主义［New figuration］，意大利的 3C、超前卫［Transavantgarde，"3C"指超前卫艺术的三位代表人物弗朗切斯科·克莱门特（Francesco Clemente）、桑德罗·基亚（Sandro Chia）和恩佐·库基（Enzo Cucchi）］，实际上都在实现着这样一个方式。无论向京你自己承认不承认，你的作品比较具有写实手感，但是问题在于其他人也是写实性的，对不对？你这样的一种写实性是一种个人敏感度的，是和你的一种表达意图中的观念感相关联的，甚至还在表现形式上与新的艺术形式相似。但就像我们刚才讲的挑逗也罢，冷漠也罢，一种自我性、精神自足性的表达最终才是关键，而且，毫无疑问，这种东西并非孤立于雕塑手段之外的呈现，而是与前面所说的个人细腻敏感的雕塑语言相关的。那么，反过来，这种相关性才决定了你的作品不是那种所谓的写实雕塑。其实，你走的是一种反证的方式，从游离那种雕塑的方式来论证雕塑语言所可能具有的一种现代表意、目标。

王春辰：向京说她的雕塑不是雕塑，但人们又是从雕塑角度去看，其中要转换的是观念，否则总会被表面的雕塑感给迷惑住。

翟晶：就好比装置，向京的雕塑既可以是雕塑又可以不是雕塑，你做的既是雕塑，但是又不是习惯中的雕塑。我觉得这很有意思。你做的明明是一个雕塑，但是你说"我不是"，因为你现在认为雕塑这种语言和装置、video那些语言其实在本质上没有区别，只是一个兴趣选择的问题。

向京：对，是个对手段的选择问题，一种语言。你看到的是细腻的手感，我关注的是对形象、对问题的敏感。

翟晶：对对对，我觉得用她这个线索如果到最后能说明这个东西，就是一个非常有意思的事情。

王春辰：当然，从可以预见的近期或者远期，写中国雕塑史或者扩大点写世界雕塑史，肯定也会把向京的作品放在雕塑里面写一笔，而不是其他。

向京：比方说写图片史，肯定不会把我的东西放进去，这个东西真的是有一个固有的定义，而且大部分的艺术史家，在做的就是这份工作。

杭春晓：说到这里，向京其实重新承认了她作为雕塑家身份存在的理由了。

向京：不管怎么样，雕塑还是有它的定义的，或许从某种意义上，我还是逃脱不了这种被定义，但我的否认雕塑仅是一种个案状态。

翟晶：能说明你这个个案状态中的雕塑，可以是雕塑也可以不是雕塑，我觉得我们似乎就不用再讨论什么"架上"不"架上"的问题了。

杭春晓：对，其实无论什么手段，都仅仅是一种表达的工具。而我们今天太过于依靠这种工具手段来进行分类了。或许，这种工具分类的艺术方式，才导致向京的自我否定雕塑。

王春辰：中国有一个情结，总想强调这个区别，因为这样一区别就确定了一种地位，其实在更大的范围是不需要强调的。你（今天）做雕塑也好，明天做 video 也好，区分其实是不存在的。而且很多艺术家都说："你怎么能说我是雕塑家呢？"他又做雕塑，又做 video，还做绘画，最后他可以说自己就是艺术家，艺术家这个称呼最干脆。

杭春晓：所以，回到中国当代艺术语境中看向京的这种否定雕塑的悖论，实际上说明今天的艺术太多关注形式本身，而非艺术表达。比如，在普通人群与一些专业人群中，关于"架上""非架上"的判断就截然相反：普通人士多认为"非架上"不是艺术，"架上"才是艺术的代表；而一些专业人士则认为"架上"已经不能代表艺术，是没落的形式，只有"非架上"才是艺术发展的方向。同样的对象，判断结果完全相反，难道我们能够简单地以专业身份来评判答案的正确与否？显然，我们不能这样做！因为不是"非架上"就一定代表了新艺术，大量没有任何表达意义、一味追求形式新颖的所谓"非架上"已经成为"皇帝新衣"式的伪艺术。简单从"架上""非架上"这样的形式判断艺术，本身就是"专业人士"犯下的最简单的专业错误。而产生这样的错误原因何在？其实，就在于没有考虑"艺术到底是什么"这样一个看似简单却本质的问题。艺术到底是什么？就构成而言，它是由语言形式与语义指向共同组成的表达结构。因此，艺术是通过一定的语言形式表达特定的关于"人的精神"的语义指向，其关键在于，无论用怎样的语言形式，都是为了获得一种艺术表达。基于此，"架上""非架上"都属于语言形式的范畴，并不能作为判断艺术与否的标准。判断的标准应该在于你是否通过恰当的语言形式进行了恰当的表达，无论你采用"架上"

或"非架上"，只要能够准确地"表达"，就是好的艺术。否则，即使采用了前卫的形式，也仅是媚俗的伪艺术。雕塑的问题也一样，关键不是看你采用了什么手段来区分你的艺术程度，而应该回到艺术表达的本身来判断。这样，我想就不至于产生我们今天讨论了半天的这个话题了。

吕旭峰：还有一个问题，杭春晓，你为什么要把向京的雕塑放入过去三十年的历史中？

向京：而且为什么是三十年？

杭春晓：很简单的一个问题。就是雕塑作为一个艺术形态引入中国后，这个三十年非常具有前后的关联性。比如此前的政治化运动带来的图解化雕塑，比如后来的城市化运动带来的庸俗化雕塑等，都可以在这个三十年中寻找到各种关联性。那么在这样一个时间系统内，会有着非常充分而现实的比较意义，从而确立我们是怎样看待向京的作品这一问题。虽然有时候一个艺术家的出现是一种偶发性的，但这种偶发性放在一个有效的时间段内，就可以看到某种必然性。假设没有了装置艺术，没有这些前卫艺术在中国的发生，向京看都没看到过这种全新的观念表达，怎么会有这样的一种感受性的组合方式呢？同样的道理，如果一开始你不是在美院接受经典的雕塑教育，你对于这样的手感性的东西又怎会有着如此细腻的体验呢？也就是说，作为一个个案的出现，或许是艺术家个人的一种经验，图像经验、视觉经验，但更是一种时间段内的艺术史经验。

王春辰：我们进行了这样的谈话之后，结果发现向京做的是不是雕塑成为一个问题，就像她回避女性主义这样的标签一样，不愿是一个单一线条的描述。那么对于艺术批评也一样，也不应该是一种单一模式：跳出女性主义的标签，你会看到比女性主义更女性主义的内涵；当你的目的不是雕塑本体时，你又带给雕塑一种矛盾。这也许是当代艺术的物质转换与观念转换的缘故，我们只能在悖论中寻求悖论的解脱，也许最后还不一定。

*

黄专：你是不是一直避免用现成品 [ready-made，通常是指批量生产的人造物品，在生产时并未有任何的艺术考虑，却作为一件有审美意义的物件被组装或展览出来]？

向京：也不是，我其实有一段时间用过挺多现成品的，但我后来发现这种东西一定要先去除。我想把这种纯化的雕塑语言先说好，以后再说。

黄专：那你现在是拒绝用现成品？

向京：我是从语言上去考虑的，因为现成品真实的材质放在手工做出来的雕塑里会给人一种很奇怪的感觉，我相信放在像罗恩·米克这样的作品里应该是没有问题的。

黄专：他也从来不在真人身上翻模的，他自己也雕塑。

向京：但他作品的制作感很强，也精细得不怕现成品的干扰。他掌握的是一种很高明的制作方式，为了做得逼真，但我觉得他语言的东西弱，我是很强调语言的东西的，比如一个叙述方式，哪怕是一个语气。

黄专：是指专业的雕塑语言吗？

向京：还不是一个雕塑语言，比方说你用一种现成品，这也是一种语言啊，只是看你要不要用了，我考虑这样的问题比较多，包括怎么着色、技术等，这一切都是为语言服务的。我觉得在罗恩·米克这种类型的艺术里，他只有几件作品可以谈得上语言这种高度，大部分我觉得都只是很好的一个制作手段。不过最后的结论还是应该等我看到他的原作再说。

*

黄专：有一个你没法回避的问题，你觉得你（的作品）和罗恩·米克的作品有什么区别？

向京：我觉得完全不像，很少有人问这个问题，我自己倒是想过。

黄专：起码有几个外在的因素是一样的，充分的体量、传统的方法……

向京：可惜我没有看过他的原作，我买到他的两本画册，看过之后觉得完全不一样。

黄专：他也是用很传统的方法，也做龙骨，也不用模特，虽然他不是学院出身。不管外在形式还是制作方法，你们都有雷同性。

向京：首先他做的是一个很逼真的人，我就不是啊，至少不是一个客观的人。

黄专：也不啊，他做的那个蜷曲的人也不是完全按模特做的，他可能找过模特，但后来也抛弃了。

向京：就是那件巨大无比的男孩吧，我觉得这件是他最好的作品，还有一件《死去的父亲》，这两件我比较喜欢。他还是追求一种逼真性，当把这种绝对逼真的事实变成艺术呈现在美术馆时，谁都会震惊。我的东西是我眼睛里看到的世界，带有非常强的主观性，用不用模特都没关系，这是一个态度问题，或是说视角问题，我所有的东西就好像是通过一双眼睛看这个世界。另外，也许因为我是中国人，中国整个大的背景太苦难、太复杂了；他的作品技术太惊人了，掩盖了他作品中空洞的东西。尺寸改变观念的意义并不太大，只是让你更觉得他手工性的不可思议，把他的技术剥离开，你去看他的整本画册，基本上会看出破绽，我觉得这是他的一个问题吧。我和他想找的内核是完全不一样的。

黄专：你做这个作品[《你的身体》]之前有没有看过他的作品？

向京：没有。

黄专：你们的相似性……这应该是一个经常被问到的问题吧？

向京：很少有人问。

黄专：起码从充分的体量和制作方法上。

向京：我就觉得制作方法上不一样，他是很制作的，我是很手法的。

黄专：那你不是也制作吗？

向京：他是制作，比方说皮肤毛发做成一个很逼真的感觉。

黄专：那你用着色……

向京：可你觉得我着色像人的皮肤吗？他上色是为了逼真，我上色是为了一种比真的人的皮肤更像皮肤的感觉，是你觉得的那种，而不是你看到的那种。

黄专：我觉得这种理性成分……

向京：我觉得这是感性成分吧。

黄专：你是希望人家看到的不是它像皮肤，而是它包含的东西。

向京：我希望作品给观众带来更多心理映射的东西。是反应之后再意识到的，不是说直接看到。他那个是很西方的理解世界的方式，而我是希望有一个转换，从很主观的角度去反映。

*

颜亦谦：昨天第一次亲眼看到你的作品，原来作品的皮肤画得不是那么细，有明显"画"的痕迹。

向京：所有作品都有画的痕迹。我还是比较强调手绘的工作，这些做的痕迹，这批都有，照片上看不到。如果我们谈到"真"的问题、"真实"的问题，其实，我对表象的那种逼真，或是对现实本身，并没有那么感兴趣。

颜亦谦：你说是要表达你觉得的那种，而不是真人皮肤的那种。

向京：对我来说，更准确的，还是要表现一个内在的东西。当初"全裸"那个展览英文叫"Naked Beyond Skin"。如果有人看到作品照片，却没有看到原作，特别容易把我和西方那些……

颜亦谦：罗恩·米克？我觉得你们很不一样。

向京：对！很多人把我跟他作比较。如果你看到两人的原作，你就会觉得一点相像的地方也没有。我觉得他的技术非常好。也许是我们生存的环境不一样，或对主题感兴趣的方面不一样，同样是人体，但是我觉得我对这种逼真其实没有那么感兴趣，我对人本身的那种现实没有兴趣。

*

颜亦谦：那我们谈谈你的作品吧！其他人怎么看你作品的皮肤？那些颜色？

向京：你对皮肤的问题特别多！我其实就不是一个技术性的人，我用的技术都特别普通，我相信人的力量，我对人感兴趣。在作品技术层面，我也是这么一个观念。我觉得对我来说，一个艺术家透过这些技术传递的东西更重要，这是个语言的问题吧。我可以跟任何人分享我的技术，技术不重要，可以分享，可以告诉你怎样画。很多人想学我的东西，有一个艺术家把他的助手放在我那里，看着我画。但是重点是人，他画的语言跟我不一样。

颜亦谦：我也是学画画的，我小时候就开始画，在大学二年级才开始念中国美术史。我一直很喜欢画画，也画人体素描。我看到你的作品时，发现手指和脚趾的颜色有微妙的不同，是红一点的。你在很多很细的地方下功夫，指甲也做了出来。

向京：没有，其实是很粗糙的。但这种细 —— 很多人说细，看到原作就（发现）没有那么细了——是一个感觉、一种敏感，我觉得我真的很想还原人与人之间的感觉。人与人之间是蛮有距离的，你不主动交流就难理解对方。所谓"感性还原"就是我们可以感知到对方，能清楚地知道你是怎样的人和你的性格，我们可以常常感到它，常常这样。

颜亦谦：回到之前你说的问题，你是画出"不是见到的那些东西，而是感觉得来的东西"。在我看来你的作品的皮肤感觉上是一层一层的，这是什么感觉？是很多遍，一遍一遍地画吗？

向京：就一遍遍地画吧。我没有那种刻板的技术，我是凭感觉画，色彩完全是一种关系，你看到我有些地方画得红一点。

其实人那么复杂，你看我的原作不是去模仿他。即使你没有学过解剖，没有专业知识，你也会知道人身上有青筋。对我来说更重要的不是画对皮肤本身，（而是）你能感到一个人。有些人，看表面很温和，但你一看这个人的手，是很神经质的，这就暴露了人性一种内在的感觉。艺术家都是敏感的。我在作品里画的方法，其实有一种情感性的提炼。每个人都把自己放在一个故事里面，把自己放在一个状态里面，我就做那种感性还原，还原你观看一个人时的丰富性。也许你有本事做出一个"对"的身体，但你不能还原那种状态，没法还原我所观看的东西、人感知到的那种世界。

其实人有很多方法去获得知识，你可以看到，（即使）瞎了，可以听到、摸到，视觉艺术是还原身体性——身体性，是说人的感受。我做艺术时，有一个很强的身体性，要把这种感觉做出来，希望我的作品也打通了观者的一种身体性。身体也有它能被感受到而不能言说的东西，难以用语言形容的东西，这跟我们活着的感受是一样的。

颜亦谦：你有些作品的皮肤确实有很冷的感觉，有些是很温暖的，但不只是温度。我一直认为皮肤是研究你 2007 年以前的作品的新方向。我们当代人怎么看皮肤，和以前的中国人是不一样的。比方说，我们以前对皮肤的观念是一种"身体好，皮肤便好；你皮肤白亮，你就健康"。皮肤也有性别，宫廷仕女都是皮肤白白的，那些古画也是这样画的。现代人看皮肤完全不一样。白的皮肤在每个文化也有不同的定义。你的作品的皮肤，有冷有暖，有白一点的，有红一点的。

向京：我画不同的皮肤就像人一样，人就是有很多不同的，皮肤有白的有黑的，有干净一点的，有脏一点的，有粉一点的，有黄一点的，人的皮肤本来就是有很多颜色，哪怕都是东方人。其实，我想说，我没有象征性地区分这个代表什么，那个代表什么，没有文化的意义。这种东西太概念了，不是我的重点。我的重点是让它能被感觉，还原一种人的感受性。比方说，有很多女孩子，她的皮肤像这样，一点点，不是红，是皮很薄，我就画得斑驳一点，不是很均匀。

颜亦谦：真的吗？女孩子的皮肤是这样？

向京：有些女孩是，不是所有。

颜亦谦：对。你的作品《一百个人在演奏你？还是一个人？》中有一个人的背部就是特别斑驳的。

向京：我没有用科学的方法研究这个，我觉得因为皮肤薄，透出很多东西，静脉、动脉，都很清楚。我画皮肤是捕捉这种很敏感的感觉。我就是要这种敏感，让你觉得有一个深入性。

颜亦谦：有意思！敏感是皮肤很敏感，还是精神很敏感？

向京：是精神上的。当我们说一个人很敏感，就是因为她对外界反应比较强烈，比较细致。我说的敏感便是这种。这个皮，就是我想做的，也是一个内在的显现。

＊

颜亦谦："动物"系列的颜料是自己磨吗？

向京：不是自己磨。方法不一样，就是用砂布蘸着颜色粉在玻璃钢上蹭蹭蹭蹭……把颜色擦到玻璃钢表面。用砂布蹭，画是画不出来的。这是我自己琢磨出来的。

颜亦谦：是在玻璃钢上加上矿物颜料？

向京：对。

颜亦谦：为何选择矿物颜料？

向京：我觉得蹭了后，看上去就像皮肤破了皮的感觉。

颜亦谦：很奇怪、不安的感觉。

向京：对呀！我就是要表现不安、让你感到不舒服的感觉，刺进你的心，试验你的感知力，人在现实中身体的感知力都已经被规训过，我们常被教化，认知这个，认知那个。我们的身体都沉睡了，都没有被唤醒。

*

黄专：你是否迷恋雕塑的手艺？

向京：也不是，一开始我是有点迷恋的，这个东西当你亲手去做完，直观性特别强，就好像你跟一个人形容另外一个人，你拍照片给他看是一回事，但你用语言去形容一个人怎么样，又是另外一回事。我开始是陶醉于这样的一种路径里，而且我觉得这东西不可替代，我比较喜欢这种不可替代的感觉，别人没办法找到另外一种方式去替代这种感觉——用手工一点点做出来的这样一种方式，就像一个絮叨的人。

黄专：这个是很传统的。

向京：对，这是从传统来的。

黄专：那又联系到另外一个问题，观念主义已经突破了制作，不需要去制作。

向京：你还可以反突破啊。

黄专：反突破是什么意义呢？观念主义超越很多，包括古典艺术中基本的艺术伦理：艺术应该是艺术家自己的制作。

向京：去个人化？

黄专：不光是去个人化，而是完全由他人制作，不管是机械的还是人工的，指认它是我的就是我的，譬如安迪·沃霍尔是去个人化，而达明·赫斯特则完全是借他人之手。

向京：如果只是单轨道发展，艺术早在杜尚把小便池放到美术馆就到尽头了。人类的智慧必须把艺术带得更远。理性是很可贵，但在艺术中，仅有理性和逻辑是可怕的，所有这一系列包括现代主义时期在我看来就是艺术史上一种实验阶段，走走就走到头了，又会找其他的路去走。反正在我心里我觉得艺术任何一种方式都是可以的，不是观念了以后就不能做手工的东西，我自己是这样的一种概念。当代性是指发现当下社会的问题，反映当下人的一种精神状态，这个指向性最重要，用什么样的手段我觉得不重要。我总觉得影像从艺术角度来说是很高级的一种东西，它的语言太混合了，我从它那里学习得更多。包括考虑问题的一种方式，描述和叙述的一种方式，我会觉得它那样一种还原是特别复杂的，它可以有很多的层次，作者可以建立一个迷宫，一个结构。它不是像观念主义那样直接告诉你一个答案——你知道个答案就够了，你听到这个作品就够了——它对事物的呈现是个非常复杂的东西，你也可以按照你的路径在里面找，我觉得这样一种转换方式特别有趣。我现在所做的部分特别小，特别狭窄，因为雕塑技术上的阻碍太多了。

*

阿克曼：我也想了解一下你对造型、对材料和手工艺的态度。用什么媒体实际上不是最重要的。拍电影是一个非常复杂的过程，特别艰苦，也特别无聊，每一个小片段都没有意义，剪辑这个片子的时候才开始有意义的。我看了一张你的工作照，我感觉这里面有一种你的享受。

向京：我并不享受手感。我是一个身体迟钝的人，很少感受到疼痛，我的注意力是在那儿干活儿，因为雕塑有太多的活儿要去干了。我可能享受我始终在行动。很多人会说你这个东西做得好细腻什么的，我老说跟很多做雕塑的人比起来，我的手艺并不好。如果说细的话，是我的感受细致。我的很多注意力常常在感受本身上，并不在雕塑上面。

说起来好像很矫情，我要放弃雕塑特别容易，因为我根本就不是一个特别关注雕塑的人。这个媒介对我的吸引力在于它太像真人了，我是对人感兴趣，它跟人如此接近，就像在面对一个真人一样，把它弄出来，那种感觉挺让我有快感的。

阿克曼：我就是这个意思。

向京：我在《S》那本画册里有一个对话，其中一个小标题叫"在限制里工作"。"限制"对我来说是一个很重要的命题。你首先被肉身限制了，肉身会累，会老，会干不动，有时候精力充沛，有时候睡不着觉；你会被时间限制，我有焦虑症，始终感到时不我待；当然我被雕塑限制，这是非常封闭的一种媒介，一种语言。做雕塑你会知道能做的只有一部分，甚至是一小部分。你一边活着，一边做工作，一边感受限制。所有工作的命题都是在这些限制里面，每个媒介当然都有自身的局限之处，雕塑仿佛就是为了教会我理解"限制"这个名词而存在的。我本来出于抗拒和怀疑，选择了用古典主义以来一直使用的具象这样一条很窄的路去工作，尝试以此面对当代问题，其实最终依然是很少的可能性，但总要试图在很少的可能性里面再去做一点努力，把它做得稍微丰富一点，面对当代问题时更有力量一点。我不是一个研究雕塑的人，也不是一个知识型的创作者。有的东西给我的影响特别大，比如说电影和文学，我把那里面的很多方法带到了雕塑里，恰恰这两个媒介核心的属性是雕塑最不具备的，电影和文学所能结构的叙事是雕塑结构不了的，但是长期与一个媒介相处，总会有一些深层的体会，有对它的语言进行再建构的渴望。

*

魏星：那你觉得雕塑这种语言，目前这种状态下还有可能继续发展吗？还有多大的空间？

向京：我觉得任何东西都是有无限可能性的，哪怕最低级、最傻的方式都有可能。文化一定要多元地发展才有意思，反正我既不以进化论的眼光去看待艺术和艺术史，也不觉得什么东西一定要单向地坚守，自然就是有始有终。我从来没有把雕塑看成一个多么神圣的东西，神圣的是艺术，艺术应该是一个完全开放的、无所谓用什么样的方式去表达的东西，从任何一个方面去界定它就是杀死它。

魏星：你以后会尝试别的一些媒介吗？

向京：也许会，我也不知道，因为雕塑太花时间，先做吧。能保持对所有东西的新鲜感就够了，你做一个很职业的事情，应该专注一点，先把那个事做好。年纪越大，越深刻感到生命有限，应该专心把自己的能量尽可能发挥出来。很多的东西是很虚妄的，完全不用注意的。

魏星：另外我觉得你的作品，稍微早一些的，2005年以前的，有很强的绘画性的感觉。

向京：我对雕塑的概念特别无所谓，我不回避文学、电影、绘画、摄影等对我的影响，从形式上，什么东西都可以放弃。一个人要坚持做实验，想到一个什么东西，要赶紧去试试看，行不行，所以很多东西对我来说就是在一个过程当中，试试这个，试试那个，有一部分可能没意思了，也走不远，反正就是试试而已，有些东西可能会在很久以后突然又成为某一个线索。

魏星：但是你这种绘画性的东西在现在的作品里面，还是一个重要的因素。

向京：这个东西是很复杂的，并不仅仅是从绘画里面来的，我觉得从太多太多的东西，不管是受教育的经验，还是日常的经验，甚至是二手经验中，都可以获得，因为我愿意呈现一个更复杂的东西。最了不起的艺术应该是电影，因为电影是太综合的东西了，很遗憾，在有生之年不能做电影，但你可以从中学到很多东西。特别综合才有可能达到一个挺高的境界，没有界限和障碍，不要定义它。我在做雕塑，仅仅是因为我这辈子只能做好一件事，其实完全无所谓做不做雕塑，我们的表达不是一定要用雕塑方式体现出来的。

魏星：所以这也是我问你的目的。

向京：雕塑只是我一个很职业化的表达，既然我是一个做雕塑的人，一定要把这个东西做好。反正我觉得作为艺术家真的很幸福，你可能天生对痛苦的部分过于敏感，你肉体可能还在不停地吃、喝、拉、撒、睡，但是你的精神可以自由地在很多的范围里面游走。

*

阿克曼：你觉得什么媒介对你更合适？

向京：至少不只局限在雕塑这个单一媒介里。

阿克曼：为什么你选了一个这么不容易的媒介？这不是偶然的，是不是？

向京：这是命，中国有一句话，性格决定命运。

阿克曼：那么，你接受你的命运吧。我感觉出你现在的创作有一种着急。

向京：我着急的是结束掉雕塑。理想中做艺术家的状态也许非常本能，他天然就是一个力量的化身，他自己只要不停地爆炸就行。而不管你是什么类型的艺术家，实际的创作工作总是不尽理想，充满阻滞和困惑。作为一个创作者，尤其在这个时代，命题还是很多的，随时应该准备面临不同的挑战。我经常说，才华就是一坨屎，你有就拉。维持本能状态对成长不会有帮助，相反应该去挑战一些更有难度的东西，修炼和节制自己的语言。

阿克曼：这对任何一个艺术家都是最难的。我并不以为艺术家能全部靠这种本能，当然，缺少本能作品会变得枯燥，没有灵魂。问题是，超越本能的塑造应该从本能生发出来，不是想出来的，光靠知识和技术也不行。

向京：我打个比方可能更容易懂。我理想中的创作者就是博尔赫斯，他当然是一个特别有天分的表达者，但是他比一般的有天分要多一点。他的作品里有很多他的文化当中神话的部分——那是他的母体，他有不同文化的抚育，有丰富的知识的建构，又超越知识和单一文化的营养。他能够把丰富的知识消化在一具艺术家式的敏感身体里，用他的灵魂去感知它们，并把它们用复杂有趣的方式说出来，转换成他自己的语言架构。他多是小作品，但是个大作家，作品的非现实性也让我心仪。

当然我没有办法跟博尔赫斯比较，我只是很向往。他如果是海洋的话，我最多是一滴水。

阿克曼：灵魂或者本能是无限的，知识是有限的。可能博尔赫斯知识比你多。

向京：知识也是无限的，而他的知识没有变成对他的捆绑。

阿克曼：对他没有变成束缚，因为他是艺术家。他发现在无形无垠的空间里有无数的可能。他能玩知识，如同毕加索的名言"我不寻找，我只发现"一样。

向京：如果一切的表达都是某种语言的话，我用的媒介是雕塑，他用的媒介是文字，我们都是在说话，但是他说得太丰富，太引人入胜了。博尔赫斯小说里的结构是非常迷人的，他的劲儿藏在里面，外在的神气是灵动的，这都是雕塑的媒介不可企及的。

*

郭晓彦：我想说一下自己的感觉。在比较长的一段时间里，你都是面对着独立和纯粹的雕塑（语言），很长时间你都沉浸在这个媒介里面，其实从外在上看，有点儿阻止了新问题的介入。雕塑还是有一个非常传统、古老的思考方法，有自己的语言、特别的材质等。

向京：包括这种手工性还有没有必要。

郭晓彦：对，其实它增加了对你的作品进行阐释的阻力，让人觉得它们就是很封闭的内容，不像其他媒介的创作，具有更加丰富的东西。而且你没有做装置这种对你的限制比较少的创作，在一个有一点阐释阻力的语言里面，你面对的压力是很大的。在你刚才说题目的时候，我想到"唯不安者才得安宁"，是不是只有不安的灵魂，才能有安宁？就像所谓"在刀尖上跳舞，才是最安全的"。所以我在想你那种愿望，是不是要逐渐结束自己的这个……

向京：是不是要用雕塑这个媒介，我有很长一段时间很挣扎的。我一开始创作的那个时候，艺术圈对于媒介所谓先进性是非常有争论的，朋友非常直截了当地告诉我，你作品的感觉那么好，为什么做雕塑？这种东西非常不当代，你的才气足够让你换一个其他媒介。我觉得我在雕塑的媒介坚持这么长时间完全与一种莫名其妙的叛逆心有关系，我听到这种话的反应就是："为什么啊？"在我眼里媒介就是媒介，当代性不是以媒介来划分的。我可能只是为了证明雕塑这样传统性的媒介也可以做当代艺术。我早期用了大量的现成品的，当我要咬着牙把当代雕塑这块做成立,才摒弃了现成品的使用。但是雕塑这个事太花时间了，也是因为赌这口气，我一定要凑足够的量，才可以证明这个事是成立的。从某种角度来讲，如果没有像我这样的几个人存在，估计雕塑在当代艺术这个版块早就消失了。我觉得问题本身是最重要的，你针对的问题是不是当代的，这是判断艺术是不是具备当代性的一个关键性标准。

我始终试图把这个事做成立，没有特别多思考传统意义的雕塑的有效性，因为太多人问我这个问题，我一再表示我只是拿雕塑这个媒介来做作品而已。在我之前的当代雕塑创作里，很少给雕塑画颜色——当然古代有，古代上色方法和理论不一样——现在雕塑着色很普遍。我给雕塑上颜色的道理很简单，因为我并不想做雕塑，我只是想做一个人，当它上了颜色之后更像我们肉眼看到的这个世界而已，很简单的理由。

郭晓彦：就是你说的"镜像"系列里面？

向京：那意味着是我们眼中的世界。

郭晓彦：观察到的世界。

向京：对，现象的世界，无非是接近眼睛看到的颜色，并不是在雕塑语言上寻求突破的意识，我甚至开始的时候一直在反驳别人把我的东西指认成雕塑。你是做雕塑的？我说我不是做雕塑的。那你做的是什么啊？我说我做的是人——这种问答非常可笑，如同在《全裸》那本书里一篇谈话的题目："向京的悖论"。

我对雕塑语言的建构，远不及像老隋 [隋建国] 这样的艺术家，他们对雕塑语言的问题针对性更强，对他来说，那可能是他艺术的一个非常基本的工作方法，一个入口。包括材料，常常有人问我为什么用玻璃钢，我也用特别简单的理由说：其一，因为玻璃钢这个材料毫无性格，我可以赋予它任何属性；其二，玻璃钢本身的颜色很像东方人皮肤的颜色，因为我做人做得多，这太像皮肤的颜色，觉得很容易就可以对应皮肤。我的理由全是这样的，意味着我其实很长时间并没有太思考雕塑的属性，多是一种偏执的、叛逆的意愿。较具方法论、较具逻辑思考的都没有，只是很简单的结论。另外我真的是一个问题的狂热追溯者，对我来说满脑子只有问题，这也造成我另一个悖论，别人会说你干吗那么费劲地用雕塑这样的语言对应问题，而你的感兴趣点在问题上，并不在雕塑上。

郭晓彦：也可以用别的办法？对你来说，也可以用写作，不一定用雕塑。

向京：是这样。这个展览之后，未来在我可以看到的年头里面，写作和影像对我来说也许是要尝试的方向。我当然很遗憾并不具备写作上的才能，否则的话我会更热衷于成为一个写作者。未来如果能做影像最理想，因为影像包含了我喜欢的两样东西，一个是视觉化的语言，一个是文学性的结构。我为什么喜欢做个展？就是因为我喜欢做结构，所有东西都像在制造一个迷宫、搭建一个结构，它的复杂性完全是看这个创作者的能力，在这个过程当中，还需要搭建通道，令观者可以进入。

郭晓彦：其实你还在想讲一个故事？

向京：是有一个结构，毕竟是视觉语言，除非写文字可以清楚地告诉你我这个结构想要表达的是什么，否则其他任何媒介都不可能还原文字语言能够搭建的那样一个东西，你要透过这个视觉语言搭建结构，必须制造这种通道，这就是我愿意做系列的原因，因为一件作品无法解决所有问题。

郭晓彦：还是需要有一个大的结构？

向京：对，就像做导演，我会特别愿意布这个局，也是做展览的兴趣。

*

戴锦华：我真的是觉得你的作品特别难以言说的一个东西也在这儿，那种所谓的艺术家，那种直觉的创造，我用我的生命去创作，我这个创作就是我的生命——好像是这样一种东西，但是你的那个工艺性极强。

向京：这个我一直是有点否认的……

戴锦华：你否认没有用，你这活儿做到这个份上……

向京：我一直说我的活儿并不好，活儿好的很多，技术能力强的很多。

戴锦华：今天我们这个时代是所谓的机械复制的时代，那个活儿好的人，真正以工艺性取胜的人，最后就变成了一个标准化生产。最后你会发现他肯定没有那个人工智能做得好，赶不上一个我们在电脑里面设置好了，然后全部合理的和标准的东西。现在可以 3D 打印了，通过 3D 打印来生产的。

向京：对，这个手工痕迹的话题我始终还没有找到一个点，因为我只是碰巧在训练中获得了这个技术，并不是迷恋和擅长技术的人，而在当代艺术系统中，当这样的学院式方法被否定的时候，我又执拗地想从中杀出条血路，不过就是这么个历程。虽说别人老愿意提到我的所谓"手艺""手工的痕迹"，但我还真不自得于此，甚至困扰于此，我是个轻方法的人，甚至都没觉得是个"个人化"的问题，个人化我觉得更体现在我的主观视点，不是以这种手工性为标识，也许我从没认真想过这个问题，到最后我也没有消化掉。

戴锦华：我就说你的那种冲动、直觉，生命自身的那种寻找出路、寻找形态的过程，这个动力和你选择的材质、你采取的这个制作过程，以及这个制作过程当中必然包含的工艺的因素本身，是不可剥离的，我没有办法剥离出来象征作品的形式、象征作品的内容，因为雕塑放到那儿的时候，它就是你的内容。我刚才说你不是一个再现性的艺术家，所以其实你没有办法捕捉内容，你没有办法描述这个内容是什么。我看你那些评论我就觉得不喜欢，因为大家总想说你在表达什么，我觉得你表达了什么就是你的表达自身，而你的表达行为本身是你的表达，这个其实也是所谓艺术的理想状态。古典性的东西——我们还是说那个洋葱头——那个形式本身是分层的，你可以一直剥，你每次剥的时候，好像是剥离形式，到达内容。你的那个作品更极端的、非古典性的，就是你的这个不分层，它就在那儿，这个形式本身也是不能剥离的，所以不能分解为工艺性的过程。

向京：就像我几次被出版社要求写一些关于雕塑技法的书，而我根本写不了，创作对我来说是个思维路径，分解成工艺性过程是毫无意义的。

戴锦华：所以在这个意义上说，不可能有任何人——不论他多笨——会认为你是古典性的艺术，你的作品的非古典性就在于这些东西是具象的，但是它本身是语言，而不是经由语言的言说。所以对我来说另外一个难点：因为它完全是你处于某种封闭或者说自闭状态当中的生命冲动，而这生命冲动获得了物质形态的这样一个东西，因为是这样，所以它必然是女性的，可是当我们说女性的时候，我们是在说什么，对不对？如果是男性的我们就不说了。当我们说女性的时候就特别地是在说什么，可你没说什么呀！所以我说这就是各种的困难，我觉得面对你这个东西评论者会失语，但是评论者的失语是因为评论者面对的一种语言的事实，你再试图用语言去言说这个语言事实的时候几乎是不可能的。这次［"没有人替我看到"，上海龙美术馆，2017］特别好的一点在于在一个特定的空间当中，这些语言被放置在了一个语言环境当中，形成了一种言说的层次，言说与言说之间的层次。

向京：是，对我来说，这个工作就比在民生美术馆那个展览［"唯不安者得安宁" + "S"，北京民生现代美术馆，2016］有一个明显的可能性。

戴锦华：对，你在民生的展览等于是陈列了一些相关的，但是同时是有隔绝的语言片段在那儿，而这次因为那个空间环境自身是一种语言，所以有不同的语言之间的东西，或者说语言层次。

向京：在民生展的时候，我还是一种文本的思路，想把创作以时间线索罗列清楚，这肯定会损失语言本身的表达力。在对那个展览的反思里，我才做了龙美术馆这个展览的方案。首先空间的先天条件给了我可能性，我试图把雕塑和空间搁在一起构成一种语言，我在布展的时候确实是这么想的。而空间加上作品构成的语言，一起构成言说。

戴锦华：在这个空间里，你的雕塑的空间性被凸显，因为空间与空间之间形成实践关系，才形成了一种表达。

我不知道其他观众是怎么看，我们用最土的语言就会说很美，或者说好看，或者说有趣。这种反应本身是因为你找到了那种表达，语言和语言之间的那种层次本身使它形成了一种声调，一种语调，你仍然不能说这是一种表达，因为你仍然不能抓住它表达了什么。

向京：至少不能用这个语言去复原。

戴锦华：对，不能把这种表达与语言的方式翻译出来。因为你听到了一些声音或者说你感觉到了一些调性的东西，你就觉得你知道了，可是语言不能翻译它。我觉得这次这个好玩。

向京：所以我希望作品被"感到"，而不是被"知道"。之所以面对展览这样一个命题，因为我身处这个人存在的时代，还得在肉身的前提下去做我自己有效的工作，暂时不打算去思考人工智能时代的命题。我始终还是热衷于做展览这类的工作，因为展览这样的一个现场才能够印证肉身的存在。不仅仅是我的肉身，肯定是每个到场的人，有的到来不见得到达，有人看了不见得看见。只要是到达了、看见了，我都希望他获得这样一个观展的过程，这个现场能制造这样一个东西。

戴锦华：如果说谁不需要考虑人工智能的问题，大概就是非常少的像你这样的人。因为其实当你说你不需要考虑这个问题的时候，这后面有一个天大的自信，就是你不担心被取代。而有趣的是，你的作品是一个具象性的，你被认为是写实性的艺术家，原本是最容易被取代的。

向京：应该被淘汰的，不是被取代。

戴锦华：如果我们还要做这样的事的话，人工智能是最能胜任的，可是你有绝对的自信，而且我想可能比较公正地面对这个作品的人都会相信，如果把你作品的全部数据给电脑，做出来的东西我们是可以把它分辨出来的，它不会混在你这一堆里头以假乱真。

向京：目前技术来看，有 3D 打印我的东西，确实是木的。

戴锦华：不光是复制你的东西，那还是一回事。就说让它在你的风格系统当中再做出一些新的东西来，我觉得一定能很容易把它分辨出去，因为我们还不是说原作跟复制品之间的关系，我是说在这样一个创造力的基础上。

向京：那是不是就可以讨论什么是被辨识出来的东西呢？

戴锦华：这就是特别难讨论的一件事，所以用"aura"〔灵光〕这个词也没有用，因为 aura 是人赋予的。但是从另外一个意义上说，我老是讲我的一个经验，就是在巴黎街上乱走，我在完全不知道的情况下进了莫奈"睡莲"的那个小馆，非常小的美术馆。进去先经过纪念品商店，看着每样我都想买，我就说等我出来都买。但是进去以后我就走不了了，每次我要走了又回来，又坐下来，它中间有一圈小凳子，我就围着在看。等到再出来的时候我一样都不想买了，就觉得完全不是那个东西。所以那个时候我懂了什么叫 aura。不是因为我们说《蒙娜丽莎》，所以《蒙娜丽莎》就有了 aura。当我坐在那儿的时候，我就感觉到池塘的水汽，觉得一抬腿就进去了，而它又不是那种传统意义上的写实、印象派的东西。我就觉得这个东西它可经验，不可被定义。

向京：像莫奈这样的艺术家，在艺术史里，都是那种你在美术馆的汪洋大海里转悠的时候，总能隔着老远一眼辨识出来，并且会被它深深吸引。尤其是同时代的横向比较，透过时间来看，还挺有残酷性的，因为就是某一个那么的闪烁，而其实当时是一大群人，都画得差不多！

戴锦华：去年去慕尼黑的美术馆，才知道这一帮人，俄国的、法国的这一帮人都曾经聚集在那儿，是慕尼黑、匈牙利还是捷克？共识是古典艺术完了，那咱们往哪儿走。美术史把他们叙述成不同阶段的，还有什么相互连接的关系的，其实是同时性的。这个时候他们都在实验，最早的时候都是乱的，后来成为谁的风格的，早先也在被另外的人实验——一个大家都在尝试不同的画法的时段。我非常惊讶，特别清晰地意识到这是同一个时代，而且是同一代人，甚至其实是一个小圈子。不光印象派，后来的野兽派、后期印象派、立体主义、未来主义，他们都是在一块儿的。

我们还是回到那个 aura，只可经验，而不可被表述。不说天才了，这个太难弄了，就说艺术才华，我觉得艺术才华唯一可以去定义的，就是当我们说艺术才华的时候，绝不是抽象的，一定是和某一个特定的介质，和某一种特定的语言系统联系在一起的，即只对这种特定的媒介和特定的语言系统的那种敏感，和使用它的那种特殊能力。这是我对艺术才华的一个定义。所以说一个天才的电影艺术家，跟一个天才的音乐家一点关系都没有——这是唯一可以定义的，其他的同样是不可言说的。所以我觉得艺术史上迸发的时代，其实都跟一种媒介的可能性，跟它的被发现，疆界被突破、被打开的那个时候联系在一起，这个时代这么多才华横溢的人，一定是跟那个媒介的社会存在状态联系在一起，对这个媒介特别敏感的人才能得到机会。我们经常说的创造力、原创性、想象力、才华、纯粹的艺术或者纯正的艺术，这些东西都是有效的概念，但又都是无效的概念。因为一方面它是不可言说的，而且它永远不会有绝对的标准，另一方面它又是一个可经验的事实，只不过这种经验事实是跟一种教养联系在一起，就如对原创性的辨识，要求足够的艺术教养。

向京：也是种天分。

戴锦华：还有感知力，感知力是不可被训练的，但是教养是绝对的参数，就是你怎么去辨识原创性，所以在这个意义上说它又不是一种普遍经验。开玩笑说，对于没有音乐教养的人来说，柴可夫斯基是可以被直觉地喜爱，但是比如说西贝柳斯就未必，那就不用说斯特拉文斯基，如果没有足够的音乐修养，是没有人可以直觉地去欣赏他的。而同时我也觉得对斯特拉文斯基的欣赏始终不是一种经验性的欣赏，而是一种关联性的欣赏。我们不去讨论像斯特拉文斯基这种反音乐的音乐家，比如说欣赏柴可夫斯基、欣赏莫扎特，是不需要艺术修养的。那就是一个现代音乐，或者现代西方音乐充分生长的年代。所以会有这种本能的、自然的、美的东西出现。当那个时代被完全充满以后，别人有没有可能像他们那样自主地创作？所以我就觉得它是可辨认、可经验的，但又是一个无法获得共识基础的。

*

赵川：你的雕塑作品，对于身体的处理是很敏锐的，这种敏锐帮助建立起与周围世界的关系。那么，很私密的身体被放到公共空间的时候，你怎么看待身体与公共空间的关系？尤其是雕塑与绘画不同，它是三维的。

向京：在创作的时候没有想过公共空间的问题，我是完全在自己的表述状态里，我要把它讲清楚。如果说我是个够敏感的人，我希望把这个敏感足够专注地呈现出来。因为你并不是时时刻刻都有这种能量，可以把敏感都传达出来，人的体力有限，能量也时强时弱……展览与创作是两个概念。创作是在生产，在吐什么，是个释放或排泄的过程；变成作品之后就形成了语言，是在表述；拿去展览就更像一个交流，渴望与别人有呼应，像一个演出。创作是一层转换，去展厅就是另一层。当我的作品放到公众面前的时候，有些部分拥有了我创作时不曾考虑到的挑衅性，或者说裸体本身并不是个公开日常的状态，而放到展厅里的时候，你裸露的不仅仅是身体，还有你的内心。我的意思是，这时观众自己的内心仿佛也被暴露了，因为作者同时也说中了观者的心事。

赵川：这其中，身体是你的演员。

向京：如果我的艺术对人可以产生作用，希望它能够进入到人的内心、内部。我对现实、社会肖像一类的概念还真的不感兴趣。如果一部分的内容触及公众禁忌，那也是因为触碰到了人性，与人性内在的东西发生关联了。我想做的东西无非是关于疼痛、困扰、安慰和忧伤等等——活着能感受到的，希望在我的作品里能感受到。安静下来，走进去，好像是循了你心里的线路，是对心的观看。另外还有一个概念，我始终相信艺术是可感知的，也唤醒身体的感受性，平时很多部分是处在被遮蔽的状态，而当你看到某个东西的时候，你被触动了，内心一下子湿润了，那就是艺术最宝贵的功能。

*

魏星：你的作品实质上是很湿润的，也就是说并非干巴巴的文本性的东西。

向京：湿润的，温暖的，坚持一个温暖的东西。你真正能触碰到人性这一点的时候，就可以跨越很多东西：跨越了性别，跨越了国界，跨越了文化，获得一种认同感。

去年六月份，我和广慈在欧洲转了一大圈，看了一些"著名"展览，还有伦敦和柏林这两个我一直特别想去的城市，去年年底的时候，又有机会去纽约，这趟旅行让我更加地深刻地对当代艺术许多概念与界定产生了很大的怀疑，也确认了很多怀疑的部分。简单说，西方作为当代艺术的中心，主流价值观的东西某种程度上走到了尽头，很艰难，资源贫乏。

魏星：因为它太成熟了。

向京：它太需要新血的注入，其他世界的艺术都是它的新大陆，实际上也是一个输血的过程。从另外一个角度讲，包括中国在内的一些被选择的文化，呈现的是一个弱势文化的状态，在一个被选择的状态下，才获得了一个瞬间、幻觉般的兴盛。你在当代艺术中看到的大多是重复建设的艺术。太相似了，都是国际流行风格——当你去看一圈展览，你会清清楚楚地理解"国际流行风格"这个词——大家都说英语，你是中国的口音，那个人是伊朗口音。能通过符号化的表象，判断出这哥们儿是从南美来的，这是黑人文化，易于辨识。但是大家一定统统说英语，否则的话，没有人听得懂。真正在价值观，或者是文化上的建设性的东西，特别特别少。

*

陈嘉映：说起艺术，我不知道，但就说这个感觉，我见了艺术家常问这话，我说就算是以前那个艺术老在变变变，但是 20 世纪之前的艺术，共性还是非常之多的，然后就从"立体派",也许是"未来派",也许是"达达派",反正忽然就到 20 世纪初的时候……

向京："印象派"之后，变化相对很大。

陈嘉映：好像"印象派"是一个转折点。

向京：对，方法突然变了。

陈嘉映："印象派"变革很大，但它还是依附于传统的。等"印象派"变完了之后，也就是 20 世纪初的时候，忽然就出来了那么多我们现在叫不上名字的"派"。以前的派像"拉斐尔派"或者是"拉斐尔前派"，只有专家才能知道这两派的区别在什么地方，现在可不是，这个是这样的，那个是那样的。

向京：无限的可能性。

陈嘉映：等这些"派"过了之后，就很难再说架上画的事儿了，艺术变得跟原来所谓的艺术完全不同了，面目全非了。

向京：您看过那种国外的当代艺术的大型展览吗?

陈嘉映：也看过，不是太多。我在国外的时候就会去看，比如在纽约或者在欧洲的时候如果正好有什么展的话，我看得不是太多，但是也会去看。

向京：不得不感慨，这个世界在最近的这几十年里变得太快了，网络改变了人认识世界的方式，也让"知道"

变得很容易，科技进步，时间、距离的概念都改变了。你要是完全在一个现实层面，你的注意力被现实牵制，你会恐惧自己有什么"不知道"的，一个观念非常快会被刷洗，就像翻牌一样。个体被强调了，但是其实更汹涌的洪水带走的是无意识的集体。除了广告里，不再有"永远""永恒"这样的词，对个体来说，有时候也不知道自己想坚持什么。

这个世界总是令我痛苦，而我不确定用现有的这一点才能会对世界的未来有什么帮助。艺术有时就像个乌托邦梦境，艺术家每每搭建它像是急于在旧世界倒塌之前建造一个新世界，这样的理想和忧郁症一样的情绪始终裹挟着我。我差不多三年做一个个展，每次情绪也就是一个展览的周期。展览之前那段时间饱满而坚定地自我膨胀，沉浸在封闭的世界里，之后将近一年的时间完全处在一种空虚怀疑的状态里面，怀疑所有的价值，挺可怕的。我不知道对于像您这种从事和哲学有关的职业的人，会不会也产生同样的怀疑？

陈嘉映：可能不太一样，但是也有一样的地方。你刚才说到你三年的那种状态，就跟我平常的那个状态一样。你有问题，你一直跟一个问题，也有那么些学生、同道在一起讨论，人不多，总的说来，你不知道外面的世界在干吗，一本书写完了，一旦跳出来，就觉得挺边缘的。我说边缘倒不是因为在社会边缘而感到难受，而是你工作的意义很边缘——你不是很知道它在哪儿咬合在现实里面，这种感觉我不但有，而且挺经常的。

比如说丁方，我跟丁方接触得也不是那么多，但是他在这方面比较典型吧。20世纪80年代末的时候他是一个重要的画家，我不知道怎么排位，反正我感觉，他在90年代初属于那种"烫"的艺术家。那时，当代艺术还被压制，但是实际上已经开始有重要的作品，比如说"八五"新潮、"八九"的展览这些，"八九"的展览我碰巧在国内，我去了，那时候的当代艺术已经算是繁荣起来了。但是丁方这个人，他就是坚持这个，坚持原来的画法、原来的艺术理念。丁方读书很多，是个知识分子，他实际上不是特别愿意人家把他当作一个画家，他更多的是个知识分子。到现在十几年过去了，赞赏他的人说他在坚持，不赞赏的人就说他是老前辈。前几天我在他画室聊天，他认为拜占庭的、文艺复兴的，以及他做的才是艺术，剩下的就不是艺术，即便现在闹得天翻地覆的，但是那个东西就不是艺术。这种态度我觉得里头有一种可敬的东西吧，就是你管他天下滔滔，是什么就是什么，你别因为天下滔滔就怎么着。但我还是有一个问题，我倒不是质疑他，就是想弄清楚，什么是艺术？这和月球跟地球的距离是两种问题。月球跟地球的距离有一个客观真理，量出来了，你无论说什么它就是这个；可是艺术上的东西，它是跟观众有一个互动的，你说所有人都错了，把那个东西当艺术，这个东西全错了，可是艺术在某种意义上的确是需要被人接受的。当然我不是说谁最被接受谁就是最好的艺术，我不至于这么傻，但是好像其中是有一种关系的，我说得清楚吗？

向京：清楚，很清楚。

陈嘉映：我就愿意听丁方多给我解释一下，因为他的立场比较极端，而且他读很多书，想很多事儿。

向京：而且据我所知，他对古典乐也很精通，而且固执地坚持听那个，喜欢所有古典的东西。"古典主义情怀"——可不可以这么说，有一类人具备这个东西？

陈嘉映：我们这一代人里头有古典主义情怀的挺多，或不同程度上有的人挺多的，我觉得可以把我自己也放在里面。但是，第一，有些人对当代东西不同程度地能多接受一点，丁方这样的就接受得少一些。第二，多数人可能缺少丁方的自信。比如说诗歌吧，我们小时候都读古诗，如果写也都是写古体诗，但是到今天我就倾向于认为古体诗过时了，我写古体诗，我喜欢，是个人爱好，我不会说我这才是好的或者是对的，现代诗是错的或不重要的，我只是说我碰巧就只会这个。所以换句话说，我很接受古典诗被边缘化这个现实，我觉得这是正常的、正当的。绘画我不知道，音乐我倒不完全这么看。跟写古体诗的年轻人在一起，他们有人批评我太软弱了，他们说，古体诗就是好的，就是比现代诗好。

向京：我可能对什么都不精，艺术在我看来，不管是我自己做的事儿，还是平时喜欢听音乐什么的，我觉得它无非是各种形态，只有好坏或者你的偏好，什么东西能够碰巧触动了你哪根筋。而从艺术史的角度讲，只有好艺术、坏艺术，应该没有这种先进或者是后进之分。因为我觉得简单地用"进化论"的方式去看待艺术，或者认定一个经典像中国古人一样单纯去效仿，艺术基本上就可以止步了。如果仅仅是爱好古典主义的东西的话，我觉得意味着你现在可以什么都不用做，那个高峰太多了。欧洲的尤其是义艺复兴时期的那几个巨匠，像达·芬奇、米开朗琪罗，虽然达·芬奇的东西特别少，很多只是实验性的作品，但是令人印象特别深，我感到一种极限。我在佛罗伦萨看到米开朗琪罗著名的《大卫》，几乎就是落泪的程度。旁边一堆是米开朗琪罗晚期打的石头，我觉得他一个人就已经完成了美术史，至少是雕塑这一块历史的一大部分，他后期的那些雕塑直接可以接立体派，他对结构、空间那些抽象的概念已经有了非常深的感悟和理解——因为他做建筑。

就这么一个人，你可以想象他那么年轻，二十四岁的年轻人，做的《大卫》几乎完美。看到这样的作品，激动是肯定的，同时又觉得难以想象，他是有着怎样的雄心、精力、体力、意志，所有的这些支持他。这是人类的盛年时期，这个艺术家做出来就是一件极品，一件已经让你无法再超越的极品。他那些晚期的东西，从艺术的理解上水平更高，虽然是未完成的石雕，全都是打了一段时间，就停在那儿了。但是他那个理解、那种概念已经跨越整个古典时期，可以直接连接现代派，甚至再往下走就是观念主义，太厉害了！这么一个跨度的艺术家，我都觉得难以想象。人类在那个时候，就像青年或者盛年的一个人，那种自信和雄心让人特别震动，那是一个很正面的能量。就像有时候看到一个特别年轻的生命一样，你就觉得太强了，能量太强了。站在他面前的感觉就是感动，电流一样被灌注似的。你会相信有"永恒"这样的概念。现代派之前的艺术有境界、内在吧。所以我想，如果你把这种东西当作追求的话，真就可以不用做了。

*

戴锦华：绝大多数情况下我特别不明白当代艺术作品

的市场是怎么形成的，我不明白大家买什么。当代艺术作品和最恶俗的通俗文化的作品对我个人的意义是一样的，它是症候性的，它只是一个帮助我去认知和诊断当代社会的路径。只不过在通俗文化作品当中它通常是在再现，是在表达，它的再现和表达都是陈词滥调，而当代艺术本身是以蔑视陈词滥调的姿态完成了陈词滥调，所以对于我来说它们都是一样的。作为陈词滥调，我可以有把握通过它们进入整个社会，这么陈词滥调还被大家喜爱，被大家接受的时候，它就有意思了，它的意思是我们看看这个社会得什么病了，这个社会怎么了。而艺术，我心目中的艺术首要的价值不是关于此时此刻，不只关于此时此刻，不只关于当下，而且同时应该是某种美的形式。

向京：这个词说出来是要被扔臭鸡蛋的。

戴锦华：扔臭鸡蛋就很幸运了，通常人家就不理你了，太土了，太落伍了。首先它应该作为某种特定的语言现实存在，是在它的媒介和语言层面上存在，不可能什么也没有言说；其次它不是因为言说了什么而具有意义——这个就是我一直腹背受敌的原因：崇尚纯艺术的人认为我讲太多的政治社会；搞政治社会的人，或者搞大众文化研究的人，就会认为我坚持陈腐的等级制度。

向京：还探讨美！

戴锦华：对，包括美，包括艺术，包括创造力，包括才华，这都是可经验不可言说的。因为真正的没有意义的、陈腐的，或者反动的，是美学观念，而不是美自身。美学和美之所以变得这么不能言说，我禁止自己去言说的原因是在于批量生产。古典艺术曾经迸发出原创性的美，都经由印刷术，铺满了世界的每一个角落，或者说它成了世界的一种垃圾，才使得美变得不能被言说，美就是最大的媚俗，美就是最大的俗或者说恶俗，所以美不能说了。其实主要是美学观念，因为会让一群人都说真美的东西，通常是经由批量生产而变为可辨识的，经由那些东西的教养，大家都能认出来这个是"美"。而大家忘记了美其实首先是一种发现，而不是辨认。我觉得我们这个时代特别荒谬。

向京：我一直也在不顾死活地表示我"忍不住"要去讲述"美"——这种在当代艺术里完全被鄙视的东西。可我就想，在这个秩序完全被打乱的世界，曾经的美学并不适用，为什么不可以在当下说"美"？为什么不可以在流变里寻找恒定？

戴锦华：因为现在还是太多元了，大家看到的东西太多。生活也是，世界显得太小了，不像以前。比如达·芬奇那么厉害，智商那么高，一个全面的人，但是想想他为什么要画那么一张肖像，通常肖像尺度还特别小。而且在画家里头他是唯一画过头了的人，其实大部分的画还能再画，没画完，但达·芬奇是唯一画过了的。

向京：完成度非常高。

戴锦华：对，完全画过了。看他的作品的话，你会觉得他在这个过程当中有很多矛盾。比如说，首先他的材料，他当时那种材料、颜料不好用；再就是他的技法上面的反复，那个时候是没有相机的，他要复原，在古典油画里很多画家会一辈子追求复原这个愿望。

向京：所以绝大多数的绘画作品都是宫廷画，那些有权力的人想让自己不朽，绘画一个最主要的功能是记录。而达·芬奇那个时候，技术不完善，艺术家都需要很多试验，他的每张画都是试出来的，在好奇心的驱动下不停地探索。

戴锦华：他那个时代就像人类的青少年时代。

向京：对，而且那个时候不仅仅是人的自我发现，还有上面那个光的照耀和引领。

戴锦华：人在处理他跟神的关系的时候是开始处理他的自我。

向京：对，有这么一个连接。今天我们说那个时代探索美的规律，看到美的存在，比如一个美少年，艺术家就会把它保留，做这么一个雕塑，但我有点不信他只看到了美，这是今天的描述。

戴锦华：那一刹那会有很多，他如果表达出来的话其实就是一个美，但是如果你要他写一篇作文的话，他可能会写很多关于美的东西。你可以描述很多，但是他的经验，那一刹那的经验，如果米开朗琪罗在世的话肯定会做一个雕塑，就是这么一句话或者一个想法、一个念头，我觉得那个时候都很简单，没有那么复杂。

向京：那个时候有那个时候的复杂，只不过那个时候在这个问题上不复杂，因为所有的可能性都还没有被认知，更不要说被实现出来。现在想象那种简单，在当年却是一个特别永恒性的，恰恰可能是很终极的一个事情。在今天，这样一个终极意义的概念，或者一个终极意义的词语，这样一个追求已不复存在，它在我们今天的这个时代失效了。

戴锦华：那个时候还是一个坚固的世界，还有很多坚固的东西。

向京：现在连事实都不是一个可信的东西，另外有事实会佐证这个事实是不对的，有各种各样的角度去印证你看到的、听到的、知道的一切都不是事实。

戴锦华：事实、真实、现实、写实、真理，在西方都是一个词，但是所有这些东西都是不可触碰的，一旦你试图去触碰就发现它分崩离析。

向京：我们现在经历的就是这样一个时代，怎么能简单呢？就简单不了。

戴锦华：也可以说，可能那个多元，在于每个人抱住一个碎片，对每个人来说这个碎片仍然是坚固的和唯一的。

向京：这听上去很苟且。

戴锦华：我是觉得意识到自己是抱着一个碎片在苟且的人，已经是有自觉的人了。而绝大多数的人没有这个自觉，在这个意义上说我们仍然生活在达·芬奇的时代。问题就在于我们都生活在达·芬奇的时代，但是我们各自所相信的、所沉溺其中的那个碎片不同，所以我们之间不可同日而语。而在达·芬奇的时代可能那个街头的贩夫走卒是跟达·芬奇、国王沉溺在同一个幻觉当中的，所以他们就没有这个交流本身的问题。

向京：是这样。古典主义时代这是一个特别关键性的问题，那些神圣的纪念碑，它是整个城邦或者人类共同敬仰和相信的，矗立在那儿。

戴锦华：对，我想达·芬奇的时代，绝大多数的人是不思考这些东西的，但是绝大多数人不思考，同时也是没有可能怀疑的前提下的不思考，只有少数人去思考，所以在这个少数人之间他们是相互理解的，有共识，有同感，有共鸣的，而他们的这个东西当然也就决定了那个不思考的人的所有的关于崇高、美（的观念）。

*

陈嘉映：对。我觉得你说的这些丁方都会很同意，他也特别有感觉，尤其是最近这几年，他又在重新研究文艺复兴的艺术，他过几天还要去西班牙、法国南部这些地方，他特别迷这些东西。而你后面的问题［"如果你把这种东西当作追求的话，真就可以不用做了"］，他跟你有点不太一样，他特别喜欢的东西就希望还要发扬光大。另一方面他当然承认这东西绝对不能再复兴、超越。这不是个人才能的问题，当然个人才能必须有。也许要做的是从那些典范中汲取营养，然后去做你现在能做的事儿，你甚至可以仍然用古典方式去做，即使如此，你也肯定不是在重复。你说到那个时代人的信心和雄心，其实今天的人如果有那种雄心的话，你反倒觉得挺可笑的，因为这个时代的人不那样感受世界。

向京：为什么现在如果有这样的雄心很可笑？

陈嘉映：你这问题问得挺好，我也答不上来，但是我们可以说说，就说第一感。好多年前，我们两三个人读王勃的《滕王阁序》，"老当益壮，宁移白首之心？穷且益坚，不坠青云之志"，简直就是字字珠玑的那种感觉。我们今天不是说写得出来写不出来，即使写得出来，谁还那么写文章？大家会觉得这个人很古怪嘛。我们一方面能欣赏，但是另外一方面，我们不是那样感受世界的，在真实生活中我们不是那样感受世界的。

向京：那这里面变化的实质是什么呢？

陈嘉映：我不知道。我先说一个特点吧，像希腊，一个城邦一两万人，雅典盛期产生那么多悲剧作家、喜剧作家、雕塑家、画家、哲学家……所有的这些，只是产生在一个几万公民的城邦里头。雅典文化全盛期是八十年左右。你能想象当一个人生活在这样一个 community [社区] 里面的时候，他感受世界，他个人的份额，个人才能的份额跟这世界有一种比例。在某种意义上他真的能触碰得到这个世界。可以更物理地说，画家们互相认识，画家跟诗人，诗人跟政治家也都互相认识，就这么些精英。你想一两万人的一个城邦，最多的时候五六万，我老把它比作一个大学，我们现在大学大了，也有三四万人。活跃分子——学生、年轻教师——互相都认识，人好像生活在一个很可感的世界里面，人的才能或者雄心就显得挺实在的，随时都碰到很实在的东西在鼓励它和反对它。

向京：世界变大了嘛。

*

尤永：说说你的野心吧。

向京：我的野心就是我一定要把我的这个结构做下去，塔可夫斯基说过一句话，特好，"我们在自己的局限之内求得伟大，但与无限相比微不足道——恰好证明我们只是人，不愿追求灵魂伟大的人没有价值……"很多人就是做到一定程度，可能做了一小批作品之后，就半途而废了，做不下去了，被各种原因局限住了。我现在只做了一个角，还看不出来。但我还是想坚持把这个结构做出来的，除非我自己觉得快崩盘了，不想干了。

尤永：我对冰山下隐藏的部分感到好奇，事实上，我从来不了解你的下一个计划，但是每次你都令我感到惊喜。

向京：但是这个真的是太花时间了，雕塑让人崩溃。

尤永：我一直特别好奇的另一件事，就是你这种坚持、坚定，过这种枯燥、乏味、孤独、几乎不跟人交流的苦行僧一般的生活，你的动力是什么？我看不到你有什么娱乐和享受，穿的衣服都是最便宜的，完全不像个成功艺术家。

向京：如果有一天所有的这些欲望、野心都没了的话，就真的什么都没了。所以那天我还问黄专，因为他老跟我说完全成功，我说，怎么才能做一个好的艺术家？他说了几个不要在乎：不要在乎大展，不要在乎市场，最后说不要在乎艺术。前面几个我都能做到，但是不要在乎艺术我做不到。我觉得艺术是唯一我还相信的，就像一个宗教信仰一样。

尤永：艺术在你的心中很有神圣感？

向京：不是神圣，这世界太物质化了，总得有个东西来让你信它。其实人最后能干吗呢？吃喝拉撒睡完了就是死，终归得有一个精神需要的东西，最后，你也就要这么点东西了，这就是所谓的价值感。虽然现在我大多时间是特别怀疑的，但是我基本的支持点是我觉得艺术是有力量的，艺术有可能改变一些东西。

就比方说我坚持要这么做，我不是为了好卖，如果为了市场，我就一直做那些小东西，卖得挺好的，也挺愉快，也可以有空去旅游，但是我要把我的观点呈现出来，呈现出来以后作用于一个世俗生活，作用于一个肉躯之下的腐朽灵魂，也许就是一种能够传递出去的力量。我整天跟那些作品在一起，没完没了地工作，真的会有麻木的感觉，但是在某个时刻突然一看，真好！做得真好！自己都被感动了——因为有种东西太内心了，特别有力。

就像当时我看皮娜·鲍什演出，演出一结束，我就站起来鼓掌，我很激动，当时真的是汗全下来了。后来一看周围的人都在那儿看着我，就我一个人站在那儿鼓掌。那个演出看得我直起鸡皮疙瘩，我觉得这就叫感动，很明确的。

很平常的一件事情会通过一种表达而感动人，或者让人进入一个思考状态里去，这些都是证据，艺术这东西还是拥有力量！当我在工作室站在我的那个《敞开者》面前，它就坐在那儿，无比安静，散发出一种传播开来的静穆的力量，这种感觉太好了，你会相信这力量真的存在，它真的有作用。而且我也知道这种力量同样会被另外的人获得，并散播出去，拥有这种工作动力，给我带来快感。

尤永：类似于一种当代巫术。

向京：艺术就是巫术。我对自己还比较满足的一点就是，其实在这世界上拥有创造力的人并不是多数，大部分人可能会享受这种东西，当你觉得你真的有这种上天给予的能力的时候，你会觉得非常宝贵。因为我相信这种东西是有力量的，所以我才会坚持。

尤永：也满足了这么多人对你的期待。

向京：不是我满足别人，是我自己得到满足，因为不是每个人都能够尝试这种快感的。

*

阿克曼：在你寻找活和死的理由的时候，你雕塑的角色是什么？

向京：就是我所有努力的证明——物证，行动最后诞生了一个结果。这个结果证明了我想问题的过程，虽说有时也会被困在行动里，但这个过程才能说服我，至少活着不只是喘口气，吃个饭，睡个觉。

阿克曼：每次都是一次证明吗？

向京：都是在抚慰我的不安，缓解焦虑，我从来不觉得做这个东西苦，是因为有更苦的事儿等着我。我不知道幸还是不幸，我们生在这个时代，真的是一个没有神的时代，我们不相信这个世界是由一个更高的造物创造的，我们生来就是有迷惑的。

阿克曼：你不信神，不信宗教，也不信唯物主义，没有一种系统给你安全感，可是我绝对相信你心里有对神的存在最根本的意识，至少有直觉，要不然你不会做这样的作品。这并不意味着你不迷惑，不害怕这个想法，因为这个东西太不靠谱，所以你确实只好靠自己。

向京：如果我找到一个宗教，这套系统我接受了，我可以把自己放在这个系统里面，那我肯定什么都不做了，艺术对我来说就没有意义了，我恰恰是没有办法把自己放置在任何一个系统里面。当然你可以说每个人都要靠自己。

阿克曼：每个人靠自己的方式不同。

*

向京：您说的约束自己［"成功不只是外部的东西，它也是一种约束"］，落实在作品上我特别认同。作品往往是个物证一样的存在，证明自己一段时间的思考，这个是对创作者个体而言的。我一直以来的困惑和怀疑在于，创作除了对自己有意义，还能承担什么？举我自己的例子吧，艺术是一种容易实现个人价值的职业，不仅满足了表达的需要，在这个时代还能获得很多的利益，就是您所说的"成功"。有时候你当然认为自己的作品是好的，而且创作的时候是关门的，很封闭的，自己那么沉浸专注地坚持了那么久，就像一个人说了很多话，当然希望被别人听到，希望那个你坚信的东西也能够传播出去，成为一个能影响他人的，至少是能分享的东西。

另一方面，我们总是对这个世界有很多意见，这样那样不好，当你自己做了个自以为好的作品之后，你也一样在批评世界的同时希望自己拿出些有建设性的作品建构些什么，这种努力会让你觉得这个世界不会再那么糟糕。当你拥有了这种"权力"之后，有时候你就分不清这两个东西：艺术是一个最好的满足自我、实现自我价值的方式，但并不一定是救赎世界的好的方式。我经常会在这两个事情上很纠结。我每次做完一个展览就跟得了忧郁症一样，有一段时间就像被抽空了，怀疑这个事情是对个体还是对世界有意义，完全陷在一个巨大的怀疑里面，信心突然被挖空了，没法再进行下去了。

陈嘉映：我的想法大概是，"为什么创作"这个问法不好。别人问，你为什么喜欢这么做？我既不是为你，也不是为利益，也不是在那个意义上为公众，我只好说，我是为自己写作。最主要是"为什么写作"这个问题问得不好。

我最近写了一篇小文章说到这一点，凡是精神性的活动，在一个特别的意义上问不出它"为什么""为谁"这样的问题。比如说跳水救人这样单纯的事情，他为什么？他不为什么，如果你非要问他为什么，他就说他是为了把人救起来。就是这样，你说你为什么做这个作品，我就是为了把这个作品做出来。你为什么要这样做你的作品呢？最后这个问题就落到了你是什么样的人。还是说那个跳水救人的，为什么他跳水救人，其他人却扭头跑了或者旁观呢？他们是不一样的人。到你已经在做作品的时候，的确在一个基本的意义上，你不是在为公众做，也不是在为社会做。把具有社会意义的作品都说成作者是出于社会责任感那么做的，是非常误导的。就是像跳水救人一样，他不是因为想到要尽社会责任才去救人的。

你的作品对社会有什么意义，我觉得大部分跟你的确没有太大的关系，不是你说了算的事儿。人们老说作品有自己的命运，大概是那个意思，你脑子里不是在想着社会怎么反应才去做你的作品，你就做了你要做的。你可能一直关心社会问题，这种关心以另外一种方式跟你的作品有关系，并非你每次想通过作品解决什么社会问题。

虽然我们做作品的时候不是在想着社会和 audience ［受众］会怎么反应，而是想着自己应该做什么，但是作品做成之后，我个人认为，我们都是关心社会和 audience 的反应的。这个我觉得不矛盾。你刚才那种描述特别切实，你说做作品的时候是关着门的，等作品展出之后，我跟我自己这段情缘就等于告一段落了，这时候呢，我会听 audience 的反应。

但是这个听反应也有好多种的听法，这个跟你是什么人有关系。我觉得越是内在地听，就越是跟你自己是什么人连在一起。不一定社会反应好你就高兴，重要的与其说是在审视作品引起的反应，不如说是你在反省你自己，因为那个作品是你自己做的。到底做出好作品没有？你听那个反应，主要不是在意好评、坏评，而是通过他人的反应检查自己，是不是真正做出你自己想要做的那个东西了。你做的时候在某种意义上百分之百地自信，你知道一定应当这样做你才能做出来。但是你的确可能看错，可能自我欺骗，你以为那是你想要做的，等到有分量的评论一来，你发现不是，作品有缺陷。下一次你再对这些评论作出反应的时候，仍然不是直接在应对这些评论，而是通过这些评论，hopefully［可以指望地］，你变得更深入了，更丰富了，然后你依靠这个新的自我接着再去做作品。我不知道说清楚没有，但是大致是这么一个过程。

这是 half of the story［事情的一半］。我对另外一半的体会是，你说办一个展览是三年闭门工作的结果，我觉得这种经验可能是两方面：一方面是终于完成了的一种喜悦满足，一种放下来了的感觉；但另外一方面就是抽空了的感觉。人们经常把它比作生孩子，你也可以用另外一种比方：有点像送孩子出国。有时候更像后者，因为你完成了你的责任，把孩子教育大了。它不像是生孩子，因为孩子生出来后，对母亲来说才刚刚开始，他完完全全在你的手里，他自己一点能力都没有，他就是你的一部分。但是送孩子出国，倒是有点像说作品有自己的命运，这时候当母亲和父亲的，一方面是有一种成就感，甚至有一种轻松感，但另一方面的感觉是，他走了，跟我没关系了，不再是我的一部分，一个孩子或一个作品，掏空了你，他走了。

向京：我有时候还特别爱用一个比喻，做完之后的作品有的时候特别像一面镜子。对我是个镜子，对观众也是个镜子，每个人在上面照出来的全是自己。我经常都会被自己的作品吓一跳，那个陌生感太强烈了。做的时候，它是从你的身体里出来的，你只要专心于心里所想所感，尽可能地把这个东西转换出来，通过一个好的渠道，让它出来。当它在展厅里面的时候，你像面对一个你不认识的生命，有时候它吓我一跳，它的能量是作者完全想不到的。这个时候你会跟那个作品产生一种距离，你没想到那是无法控制的——作品陌生的能量反作用于你的那种感觉。我用镜子形容是因为它照出了你自己，这个部分让你有的时候挺受惊吓的。

*

林白：你的东西挺像你的。

向京：应该是，很多人这么说，"一看就是你"。

林白：对，所以我觉得这很好，找到自己的语言，找到自己生命中的东西，挺不错，反正从语言到观念都很扎实，我觉得是一种生长，然后越来越有力量，越来越往深处、往高处走。

*

向京：戴老师，我问您一个问题，您已经前后看过我两个挺全面的展览了，从这些作品里面能看到我这个人吗？

戴锦华：我觉得两个相反的感觉都非常强烈。一个感觉我可以说，在这个展览当中我只看到你，就是太强烈的一种个人的、个性的和风格化的东西，一以贯之的，特别强烈的，无所不在；但是另外一个感觉，我觉得你一直是完全抽离的，我没有办法在这里面发现任何你个人生命的世界、印迹，或者是情感性、记忆性的东西。我觉得这两个东西是一样强烈的。

向京：这个问题是一个朋友想问的，我没这么问过别人，但这是我听到过的最特别的对我作品的描述。

戴锦华：所以我觉得很好玩，我觉得你不是再现性的艺术，好像没有再现性的诉求。我感觉最强烈的就是你没有再现社会或者历史的那种东西，不是没有这种愿望，是你根本没有这个层面，没有这个感知的层面——我说的是严格意义上的社会、狭义的社会，就是非常具体的社会。

向京：狭义的社会、狭义的时代。

戴锦华：时代、历史的关系，我觉得你不感知这个层面。另外一方面你非常小心地不去通过再现来叙述你个人生命的经验，你特别小心地不要做成这件事，不要让人家看出来这是"她的那件事"。所以别人没有办法把你的作品和你的生命或者说以后的传记之间做任何的对照。前面那篇我的文章 [《语言之内，历史之外》，参见《向京·文献集》，中信出版社，2017] 里面写了，我觉得非常有意思，它是一种选择，但也是一种阻断，我觉得是你个人的选择，其实你没得选，当时整个历史突然就阻断了这一代人的个人生命和社会、历史之间的互动和连接——我觉得是那样一个状态。但是问题就在于，在这种状态下你是没有任何抗拒和焦虑的。

向京：也不是说绝对没有抗拒和焦虑。在当代艺术短促的历史中，前面比我年纪大的那一整代人（差不多就是跟您的年龄差不多的），明显由于外因对于个体的影响，(受到) 命运的这种拨弄，外部力量太强大了。一方面我们碰到的这个时代跟他们会有不同，我们有选择的可能性，个体意识背后有时代赋予我们的特征，我曾经在其他场合说过这个未经推敲和论证的观点：在意识形态的集体主义和商业逻辑的集体主义的夹缝里，曾经有过一小撮散兵游勇，生活形态和工作形态都比较个体化——当然最终所有有持续性工作的艺术家都会归于个体化的工作，但从运动式的浪潮里突围出来的个体意识，还是在我早期成长中一个艰难的自我觉悟的过程里缓慢被塑造出来的。另外一方面，和一个巨大的力量去对抗，还需要另外一个工作，就是自我建构的可能性——我没有特别仔细地去组织过这样一种说法。

不是你一个人这么说过我，但不能说我的艺术跟我的个体生命完全无关，也可以说是太有关了。我的个体在艺术里真的获得了很大的成长。可能我大部分的时间、精力放在工作本身，我确实经历上比较苍白，但是另外一个角度，这个工作就是一种建构，是自我观照下的这样一种建构，而这个自我观照还包含了对于关联性问题的观照。

戴锦华：是，我是觉得在这个意义上说你是一种特例，但是也可以说你是一种惯例。我说你是一种特例，是因为通常的理解，或者通常的想象，会觉得艺术创作是艺术家生活中重要的部分，但是远非全部。就好像艺术家首先要作为艺术家而生活，而后才是作为艺术家而创作、想象和理解。所以我说在这个意义上，你好像是特例，因为你的生活自身最主要的部分是创作。

向京：从进入创作开始，时间就被基本工作占据了。

戴锦华：你是因为你的创作而成为一个艺术家，而不是作为一个艺术家去创作。但是我说其实它是一个惯例，关于一个所谓真正的艺术家的惯例。每一个真正的艺术家都是一个以自己的方式去使用一种特定媒介的"匠人"——这个词特别不好，但是我没想出别的。他的技艺性、他的工艺性、他的劳作性，都应该是非常强的。作家也一样，画家、雕塑家是最突出的，包括音乐家，他一直是在操作、操演。我觉得这跟艺术史上我们经历的这两百年的经验有关，到 19 世纪的时候，人们仍然相信艺术创作的那种所谓自动状态，或者说非理性状态，或者叫神灵附体的状态，月神、酒神的那样一种想象，这种东西不光是作为一个观念，也仍然是作为一种艺术境界，或者说艺术状态在被相信或者在被追求，但是另外一边，我觉得整个现代主义运动发生以后……

向京：就是您刚才讲的那个理性成分是吧？

戴锦华：一个是理性成分，另外一个就是大家对于工艺性，或者技术性、技巧性的追求。今年的这部《至爱梵高》的电影真的是没法看，它主要是偷换了几个东西，用我们常识系统当中的善和善意，与常识系统所可能承受的邪恶之间的搏斗，来置换梵高的天才和疯狂，使得梵高变成可以理解的。但是同时这里面最大的骗局，说有一百多个画家参与这个创作，那么这里面就有两个东西特别可笑，在这里梵高完全被抽象为他的笔触，就是他拿油画刀涂出来的那个东西，这种工艺性的层面和技术性的层面，完全替代了梵高绘画当中的那种疯狂和爆炸，就好像他的艺术只是用油画刀涂的。

向京：梵高的技术不厉害，但他有最独特的语言，技术什么也不是。

戴锦华：这个电影就是用笔触代替了梵高，说一百多个画家都会涂，涂了一个梵高。另外一个，那个画面本身是真人拍的，显然这些画家可能参与制作了一些画面，然后这个画面在某种软件的帮助下成为材质，所有真人的画面很容易用电脑一键把真人表面转化成所谓梵高的笔触。可是那个笔触没有了力量，没有了灵魂之后，就不是梵高了。这个电影就把梵高变成了一个大众媚俗、可以消费的那种：梵高的向日葵变成是生命的灿烂，而不是燃烧和疯狂。

整个现代主义运动当中所谓技术的层面和媒介的层面是被放大、被突出了的，但是今天人们又拒绝分享为什么技术性和媒介层面会在19世纪末被人们认知。这件事大家不要觉得不必理解或者不能理解，对世界的再现瓦解了，然后从早期印象派到晚期印象派，到最后就全部碎裂了，变成冷抽象了。类似于这样的一个过程是各个领域都在发生的，在世纪交错的地方。

我太蠢了，我在说艺术史吗？其实我不懂，前面这个我能用我自己的语言讲。从现代主义艺术的单纯的媒介，人们回到语言自身，而不同到实际应用语言的讲述。这样的一种东西到语言自身的绷紧，前面是用语言来再现语言，到最后连语言也不再是一个可以去碰触、可以去自反的介质的时候，就进入了所谓的当代艺术。而当代艺术最重要的一个描述就是不再区隔生活与艺术，不再区隔真实与艺术世界。总而言之，一切界限都消失了，当界限消失的时候应该是主体的消失。当你说艺术与生活没有区隔的时候，那是艺术的死亡，不是生活的死亡，因为生活之树四季常青，生活不死，那就是艺术死了，可是死亡的艺术仍然在延续。

我们现在大概处在三个时期的艺术观念同在的这样一个状态当中。这也是判断你的艺术，进入你的艺术现场的时候，一个专业的观看者的困境。所以我说你作为一种特例，大家会直觉地觉得你不是任何意义上的当代艺术家，但是你绝对当代。我绝对不可能认为你是古典艺术，也绝对不会认为你是现代主义先锋艺术。首先你是写实的，是具象艺术，而且你的具象艺术会有很多时刻，比如看见它的时候，它在旁边一站的时候，这个写实性之清晰和强大，包含了所谓古典艺术强大的写实性，或者说罗丹最早的画尸体表现出的那个写实性，但是又是那种强烈的当代性或者说当下性。看到这个东西的时候，大家就不知道怎么去捕捉、怎么去言说，因为这三种东西一方面是被压缩的，共存在我们的艺术空间当中，另外一方面它们又是绝对地彼此对立和区隔。所以我说你是一个特例，但又是一个惯例，我真切地说，是看到了这样一个艺术史线索在今天的实践。如果我们说艺术没有死亡的话，那么艺术生存的可能性，就是艺术创作的可能性。

向京：我对于当代艺术本身的逻辑确实有很多困惑，但我的工作又不是解锁这些问题，只有自己摸索着通过创作去尝试。这个真的是稀里糊涂的运气，始终让我在生存的夹缝当中，因为我生存下来，我可以一直工作，有了这么多作品，存在即理由。当我有了这么一大堆作品去证明的时候，已经没有办法让人忽视。否则的话我这种创作方法一定会被当代艺术屏蔽掉，假装我不存在的。

戴锦华：足够大个儿，还足够多。

向京：对，所以对我的评价多半都是勤奋而又真诚。这叫什么评价……

戴锦华：这是一种极端恶意的评价。

向京：艺术家的工作里，很多思路是他跟艺术史要有对应，而更多的是和生死存亡的当下的生态有对应。也不能说我跟艺术史没有对应，我只是跟当代艺术里面的工作方法不一样。

戴锦华：到了 19 世纪开始有这个问题，20 世纪的时候已经变得非常突出，两个方面：一方面好像再现的路径和可能性都已经被穷尽了；另外一方面，我们只能去完成一种互文性的创造了。因为所有的可能性都已经被人穷尽了，我们只能在和它的对话关系当中来建立这样一个东西，或者说是一种非常广义的拼贴，或者叫剽窃，或者叫抄袭，当然不是真的抄袭和剽窃，就像你说的那种娱乐工业的制造一样，只能在此前通常在某些二流或者三流的作品——甚至不是名作，因为名作不可被借用——当中寻找素材、题材、可能性、语言，然后拿来制作我的新作。

向京：而重新制作你也不可能复制那个 aura 本身。

戴锦华：那是绝对不可能的，他的那个作品本身也不可能被重新制作了，因为你每次重新制作的时候就践踏了那个 aura。

向京：有些当代艺术作品的展览，跟娱乐工业是一样的制造感。那些作品你必须了解上下文关系，有一定的艺术史的内容，再把它们制作出来，贴上反讽或挪用的标签，或者用商业营销式的图式语言去讽刺消费社会，但漂亮可口的程度完全吻合商业产品的品质，简直没在对抗而是为了迎合资产阶级消费趣味。我经常觉得，好吧，我懂了这个"学术"，可这有什么意思啊？

戴锦华：尹吉男［艺术史学者］说过，今天一个好的艺术家就是一个高明的窃贼，今天的一个艺术批评家必须成为一个高明的侦探。所以就变成了我如何从既有的作品当中获得足够的素材和语言，来重新形构我新的作品。而艺术批评就是找出处，优秀的、写得比较有趣的艺术批评就变成还原它使用了谁谁的笔触，用了谁谁的主题或者是什么。某种意义上说还不是当代艺术，我觉得到 19 世纪艺术的时候已经是这个状态了。过去我们老说，一个重要的艺术家的名字其实代表了一个世界，就是属于他的世界，你可以进入的一个世界，某种意义上跟真实世界平行的世界，但是到这个时候就不再是了。

向京：所以我常常会看那些所谓当代艺术展，你会发现不仅是艺术消亡了，且因为艺术消亡连作者也没有了，可以说这是一个特别强烈的感受。

戴锦华：当代理论本身扮演的角色特别有趣，包括艺术理论、文化理论。我觉得当代理论和古典哲学特别不同，它好像有一个从现实经验到哲学化的痕迹，而现在我觉得当代理论其实更多扮演的是一个宣告者，同时是一个强有力的建构者。当它宣告比如说某个东西死亡的时候，不是因为那个东西死亡，不是因为它发现了这样一个事实，而是这个东西因为它的宣告而死亡。然后因为它的宣告而死亡的这个东西，某种意义上说是两方面，一方面是它宣告这个东西死了，它说死了就死了；但是另一方面，当它说这个东西死了的时候，其实这个东西才开始活。那么就语意的引申，你也可以说这个东西被宣告死亡的时候才获得了生命，但是同时，因为宣告死亡而获得生命的东西就一定是幽灵性的。

　　所以我是觉得，当我们说作者死亡的时候，作者才出现。比如莎士比亚活着的时候从来没觉得自己是作者，莎士比亚是个卖艺的。所以在这个意义上说，纯正的饥饿艺术家其实从来没存在过，因为这样的一种艺术想象是现代的发明，而现代就是把一切都商品化的过程。艺术在现代社会当中一直非常尴尬，就是它被定位为非功利性的、超越的，就是马克·吐温那个永恒的故事，我们贩卖的是它的超越性和它的非功利性，它的市场价值是因为它的超越和非功利性而获得。

　　问题就在于当这个事实变成艺术家的自觉，当艺术家不在那个默契当中分享"我是超越的、非功利性的，因此我才可能具有市场价值"，当艺术家拒绝遵守这个游戏的规定，拒绝在这个游戏当中扮演那样一个角色的时候，其实这个游戏就破产了。但是这个游戏因为破产而延续。

刚才在我们说的各种各样的悖论当中来放置你这个空间的时候，我说你是特例。你不是在一个艺术家的自觉或者执着当中创作，而是在某一种个人的生命状态当中创作，而这种生命状态刚好偶合了人们对于超越性的、非功利的艺术家的那个状态的想象，所以我就说在这个意义上你才是惯例，因为你呈现了一种纯正的艺术状态，你的这种纯正不是"我拒绝商业，我反抗，因为我是伟大的艺术"，你不是在这样的状态之下成就了这个艺术，而是在于你完全没有感知，甚至包括关于艺术家的自我想象，关于市场的，关于生态的，关于生产路径和生产逻辑的。当然实际上我们都知道是有抵抗的，是有选择的，但是这种抵抗和选择是因为某一种不能自已的喜爱和厌恶。

向京：就像身体本能一样。

戴锦华：确实就是这样，而且我不想改变。比如有的人也厌恶，但是人家说不能这么厌恶，得喜欢。有的人就说识时务者为俊杰，人家就改造了自己，或者去表演，人家真的并不喜欢摧眉折腰事权贵，但是他觉得他需要这个表演来服务于他的艺术。可是我觉得你这里面有你的抵抗和选择，但是你的抵抗和选择，与其说是抵抗和选择，不如说你顺应了自己生命的、身体的感觉和体验。所以我是觉得在这个意义上说……

向京：也是一种运气，也是个幸存者。

戴锦华：运气可以忽略不计，因为这个因素在每个个案当中都存在，而且在你这个个案当中不算是一个特别大的专门要提出来讨论的问题。如果说有一个"金主"从天而降，说你太了不起了，你要好好创作，这个可以说是运气。我觉得你只是顺应了自己的心，顺应了自己的感知系统。所以我感兴趣的反而是你整个作品和再现的关系，因为我觉得两个东西都特别清楚，我就说我的习惯和思路没地儿用。我看到一个作品的时候，如果对我有触动，我马上就会辨识出它跟某个大的历史环境、某个大的社会事件，或者某一种社会氛围、某一种社会价值之间的关系，但是在你的作品当中我就完全找不到。

我觉得你的运气表现在你始终没有遭到一种暴力性的东西把你的世界打碎。这是我的时代经验，我这个时代的经验是说，可能像你这个类型的人或者艺术家不是没有，但是他会被暴力地打碎。比如你的创作环境完全被剥夺，或者你别无选择地被派去做一个什么，把你组织到一个什么里面。我觉得你的运气就是在于别人无视了你，所以你就得到了一个空间。

向京：我在命运当中的确有很多次被忽视、被低估，以至于获得了一种缝隙，幸运的自由。

戴锦华：自由，以及那个坚持的可能性——就是你想坚持，但是你这个坚持也没有遇到障碍，不是说别人不让你，你就拼命地和他们对抗，你也没有那么强大和坚韧，你被搁置了。同时那个幸运，我的理解还是时代的幸运。你被搁置了，但是你还可以获得空间和材料、时间。

你的个性和你的运气凑到一起的时候，会形成一个先例。别人就说，哇，这也是可能的。在这种情况下就会有同样的梦想来追随。

向京："性格决定命运"这句话，上点岁数才能理解其深刻性。运气里有性格的成分，当然也有你说的社会宿命的成分。

*

朱朱：《白色的处女》被你从一场拍卖会上拍回，运它的箱子到来时，你和它重新见面的感觉如何？

向京：惊喜加陌生。

朱朱：陌生是指"好久不见"，指自己的创作已超越了那个阶段？依我看，对你来说，它就是你的某个原型。

向京：陌生是指存在着几个《白色的处女》，原来做的那个（被我遗失了）、传说中的（满足我文学化解释的圣女）、现在摆在我眼前的（穿越时间空间的），这里最重要的因素肯定是创作的方式的改变，我既被早期生涩有力的表达震动，也非常庆幸自己通过作品证明了创作的进步。

是不是我的什么原型，我不知道，我从不知道自己是谁，什么样子，所以才要做作品呀。

朱朱：好吧，从圣女开始，一直到《一百个人演奏你？还是一个人？》，你对自己、对女性、对人了解到了什么？

向京：这是个大话题。

我做艺术是源自对世界的观看，约翰·伯格在《观看之道》里说，我们从不单单注视一件东西，我们总是在审度物我之间的关系。我们说世界，往往指的是和"我"有关的世界，这个初始是和经验相关的，我看到的、遭遇的、经历的，这也是反复确认自我存在的过程。我常爱把作品比作一面镜子，谁站在前面，照到的就是谁，同样，我面对作品的时候，一样是有我的映像。从这个角度说，你刚才讲"我的原型"也未尝没有道理，每个作品都有作者的原型。

但随着年纪的增长,世界的范围好像版图一样在扩大,是我认知世界的方式在改变。

比如说在《白色的处女》阶段,我的世界是二元对立的,我想要传达的和我获得力量的方式全在于对立面的存在,那时我两个主要的主题是"侵袭"和"禁闭",无非是描绘外部世界的侵犯和内部世界的关闭。

到了包括《一百个人演奏你? 还是一个人? 》在内的"全裸"系列,我已经把目光投向至少是和我同类的一个群体。甚至我自以为这个系列里真正的话题指向人性本身,而不是简单的性别话题,因为我已经能够看到生存现实的很多困境,能够思考这些并不"私人"的话题,并且懂得以这种和生存相关的共性话题去引发观者的自我观照。

我希望艺术是一种目光,投向哪里,有对存在本身的有痛感的触摸,传递的是关心和关爱。

朱朱:从禁闭的表达到对群体的关注,其中一定是既相关,又超越,什么促成着这种变化? 其中又有什么被你保留?

向京:就是我说的成长之后目光所及的世界变大了,应该说是种超越吧,和你问的问题有关,对自己、对女性、对人的了解。对人的关注、注视一直没变。

当初的禁闭里面还有一种拒绝成长的意味。我有很长的一段时间很拒绝长大，看世界的眼睛始终是儿童的，在2002年（之前）的很多作品里都看得出。《哈欠之后》[2000]明显我站在那个小女孩的视角，《TOY—泳者》[2000]、《禁闭》[2000]、《浅水区》[2002]、《冰凉的水》[2001]里都是在少年或孩子的视角里，所敌对的是成人世界。还有当时的一件超大尺寸作品(也是我第一件大尺寸的作品)《礼物Ⅱ》[2000]，更加是利用了孩童的视角，去表现来自成人世界的侵犯，这是一件典型性的作品。

后来这种情绪在《砰!（Ⅱ）》[2002]里面缓解了。本来的我就像那个缩在墙角的女孩，浑身绷紧，感受着周遭外部世界的所有入侵，等做完我发现这个情绪已经不如我想象的那么极端了，继续下去已经显得矫情了，这时就生成了一个用手做了个打枪动作的女孩，笑嘻嘻地指着那个缩在墙角紧张的女孩。这个一个人保守的世界就在这么一种游戏一样的情绪里被破解了。

后来准备"保持沉默"那个系列的时候，我先做的"处女"系列。《白色的处女》就是第一件，后面又有好几件。"处女"的概念还是延续了我对于纯洁之物的坚守，我把这当成一种力量，可以针对我所要树立的那个敌对面。当然，这个主题也在做的过程当中消解了，又加进来类似孕妇、孩子、同性恋、警察、老妇等人物，成了一个群体，社会性群体。但我自己后来对那批东西还是有点遗憾，它是一个需要用数量来显现的主题，而又不可能有那么多时间完成足够庞大的人群，我另外作品的想法又不断地浮现，所以这一主题没做充分没做清楚，就必须放下了，而放下，意味着我肯定不会再去做了。

雕塑太慢了，所以做的时候，想法一直在变。"保持沉默"这个展览里其实有好几个问题我想解决，有些显现出来了，有些没有，不过会在后面慢慢做，意义转移了的错过了就不做了。那个展览里还有让我激动不已的《你的身体》《你呢?》《天堂》《暗示——为了无双》这几件关于女性身体的作品，《你的身体》是个创作的里程碑。

*

朱朱：能够稍微再具体点说说"全裸"里的作品构成吗? 做过整体考虑吗?

向京：这次的工作方式就是整体考虑的，所以做了个小题目。首先确定和女性话题有关的关键词，女性、身份、身体——所有可能被指认和女性主义有关联的元素都一定涉及。这还是我爱用的正面出击的战术，但同时自己想要说的话通过几个层面表达出来，诸如生存的困惑（身份性的)、欲望、群体关系、情感等等，几乎每一件作品是一个我想说的话题。

在"全裸"个展里，大量用镜子和空间展线的复杂安排都符合我对于作品的展示设想。镜子是我一直爱用的材料，概念清晰，镜像的物和空间都是很有趣的关系，镜子中的映象代表了对象和映射出的自我，是个多重转换的概念，镜子又具有女性属性，类似于一种自我观照、内在审视的意味。我对叙事的复杂结构（的设想）也得到满足，虽然在作品里呈现并不容易。

任何时候我都愿意回忆起这个展览所呈现的景象，进入这个黑暗的空间，如同进入一个心理空间，和我想要表达的"这样的情景永远不可能在现实中发生，但每每在我们的内心上演"非常吻合。

做这批作品的历程就是我面对自己是个女人的事实的过程，也是我面对女性群体存在的事实的过程。一生时间有限，很难有这么一个机会那么深地渗入这么一个我本来不愿意面对的话题里面。这也是一个非常令人难忘的经验。我一直不愿意面对我是女性这个事实，只是没办法。

朱朱：为什么？

向京：作为女性有太多困扰。美国中学里有个课程，就是让学生回家以后脱了衣服，站在镜子前面，一直注视自己，直到能够接受自己，接受作为自己身体的各个部分。做作品就如同这个过程，我慢慢地、艰难地认清一些事实，并且接受，并且理解很多东西，然后可以思考。这批作品对我自己的意义也很大，而由于深入，引导他者的思考理解也会很深入。接受的过程就是成长的过程，不是妥协，而是自觉，自我觉悟。有体验的自觉过程更有利于传递的真切感，这样很像一种救赎。

*

向京：因为您做过一段女性创作研究，我想问，到底有没有女性方式这个概念？

戴锦华：对这个问题我也无解。因为首先对我来说定义很难下，比如说女性艺术，西方的女性学者也在修辞层面，或者说在玩弄辞藻层面，不断地尝试比如说女性艺术、阴性艺术，或者非主流艺术、反主流艺术……始终是大家尝试去定义，重新去定义，但是没有什么定义达成共识。因为它涉及什么是女性艺术，是女艺术家的艺术，还是有所谓女性意识的艺术？那么什么叫女性意识？

向京：或者说到性，它一定与两性话题相关了，这就变成一个特别大的悖论。

戴锦华：对，所以它就会变成一个反身定义的东西。我们首先假定主流艺术是男权艺术，或者说是父权结构的，那么主流艺术或者主流文化的观念当中所期待、所描述、所形构的女性是我们所拒绝、所否认的。可是这样的一个思维方式或者定义方式、言说方式，我现在特别强烈地感觉到它并不能天然地形构一种不同的主体——你可以说我不是什么，但是你不能说我是什么。况且很多时候并不是主流所言说和定义的就不是真切的，就不是我们生命的经验。所以这是一个始终绕不出去的状态，这是一个原因。

另外一个原因，性别的议题在什么意义上可以独立存在？现在越来越疑惑。特别简单的一个问题，青年妇女和老年妇女的生命经验，是一样的生命经验吗？那就不用说有一个特别直接的（问题）就是阶级，不同阶级的感知方式。所以女性主义在西方的历史脉络当中一直遭遇到的就是后院着火。女性主义一直被女性群体和少数群体、弱势群体不断地批判，比如黑人妇女说我们跟你们白人妇女没有什么共同的问题，我们都能干活，我们从能干活（开始就）一直干活，我们没有什么郊区别墅主妇综合征——其实这也是劳动妇女的回应，没有工夫想自己是不是女人，等等。女同性恋者就会说，对于我们根本不是这个问题，你们所有的基本命题对我们来说都是不存在的，我们的问题是你们的问题不能解决、不能涵盖的。所以它一直处在这样一个非常尴尬的位置当中。

向京：是。

戴锦华：关于女性艺术的问题，我只能说在某一个阶段，女性的艺术大概就是和各种各样的其实已经支离破碎的主流不同的一种原创性的表达。如果一定和性别直接相关的话，就是以某些来自女性的身体经验和生命经验的表达，来作为它的一种标识，但不是作为它所谓的本体。实际上我也怀疑会不会有一种叫作"女性艺术"的本体，或者我们需要不需要一种叫作"女性艺术"的本体？

向京：这种问题的存在已经构成一些事实了。

戴锦华：也许关于是男人代表人类，还是女人代表人类的争夺还会继续，但是我就会觉得这本身不是那么有意义。我们追求的是粉碎那种权力的言说，问题不在于男人代表人类，而在于男人代表要以否认女性的人性，或者女性作为人类为前提，这是我们要反对的。所以女性也并不比男性更代表人性，我们怎么破除这种权力言说，去寻找一种人类关于自我的认识和表达？所以我最后大概仍然只能在不是什么的意义上来定义它，而且我认为这应该是历史性的存在。当我们能够战胜性别权力结构，建造所有权力结构基本的模型之后，可能就不需要去讨论这个性别议题了。

这是一个乌托邦式的想象，但是从另外一个角度我又觉得并非没有可能，我始终如一的观点就是，把我们这个时代指认为小时代本身是一个巨大的错误。整个世界的动荡，包括新技术革命整体改变人类的生态，进而改变人类自身，使得大时代无可逃避。我最近可能就性别议题写一两篇文章，我觉得有两个东西被新技术改变，一个是生物学，一个是数码，这两个东西的冲击使得父权的天然合法性被取缔了。

我们一直自以为处在一个和西方的现代性建构过程同步的，或者完全一样的过程，在这样的一个变化过程当中，我们今天怎么谈性别？性别议题有什么样的表现形态？或者有什么样的存在形态？在所有这些变化都发生的情况下，并没有改变女性作为结构性的弱势群体这件事。因为事实上存在两个排斥结构。一个是贫富分化，冷战终结以后，资本主义返璞归真，不讲福利国家了，不谈公司责任了，也不谈平等了，都不谈了，所以就是贫富分化，而贫富分化主要表现为中产阶级整体的缩水和坠落，这是一个排斥结构——把谁挤下去？而另外一个更大的排斥结构我认为已经发生了，而且愈演愈烈，就是我们现在还叫自动化的人工智能。这个过程就包含了劳动力结构的一个巨大的振荡和重组，会有一个新的排斥结构。这样的选择过程是阶级的重新形构过程，而这个排斥过程仍然参照性别、种族、年龄等所有的起始结构排除。这样的性别议题会以另外一种方式被凸显，被再次提出来。

所以我说最近产生了要重新讨论一下这个问题的愿望。冷战结束以后，只有性别议题作为一个批判性的议题被保留了下来，阶级议题完全取消了，种族的问题事实上不可能被讨论，而种族问题由于全球性的流动和移民，变成了一个最尖锐但是不可言说的问题。"9·11事件"的时候你还可以说他们是恶魔，有一个"他们"。但是当欧洲发生恐怖袭击的时候，当科隆发生群体性骚扰的时候，你就没法言说了，因为"他们"是法国人、德国人、意大利人，可也是第二代阿拉伯人。所以这个时候种族议题变得特别的尖锐。

我这次在慕尼黑根本没有什么机会接触德国社会，却仍然强烈地感到难民问题对社会的冲击，酝酿之中的种族主义情绪特别强烈。所以我说它特别突出，但是它同时不可言说，它失语。科隆那件事出了以后，是德国战后新闻史上前所未有的封锁，媒体不许报道，因为你没有语言可以言说这件事，你言说这件事你就成法西斯主义了。可这是真实的难民群体对女性群体的公然伤害和公然侵犯，所以这个时候我们站在哪边？我们站在什么位置上？它使得在这个变化过程当中，很多20世纪基本的逻辑失效。我说这个基本逻辑不是主流逻辑，而是反抗和批判的逻辑。比如说我们支持弱者，那么谁是弱者？是被性骚扰的德国女性群体还是难民群体？而且我们20世纪最重要的一个建构就是苦难的道德正义性，在这儿你看到苦难自身没有任何天然的道德正义性，或者说它完全丧失了道德正义性，但当它丧失了道德正义性的时候，苦难就不再是苦难吗？或者比如说迅速运动、街头运动、青年学生运动，一定是进步力量吗？

向京：所有快速发生的这些真的是对欧洲整体左派的巨大打击。

戴锦华：而且是对全球左派。你原来信奉的那些对抗主流的、批判资本主义的逻辑都被改变了。所以我说我们丧失了基本的坐标，我们现在很难断定什么叫前与后，我们不知道什么叫左派，什么叫右派，完全没了历史上曾经给予我们的参数和坐标定位。所以在这个意义上说，仍然保持了合法性的性别议题，其实成了特别大的问题——它在什么意义上仍然可以言说、可以合法？女性问题准确地说在城市中产阶级议题当中变得非常有生产性，有巨大的生产性而没有生产力，就是说得养活很多人，但是有没有生产力——是不是可以触碰到这个社会的现实或者参与到社会现实?

向京: 这次我去伦敦, 碰巧碰到全城博物馆、美术馆的一个系列项目, 每个美术馆里都用一个小版块做和LGBT [性少数群体] 相关的展览, 有些美术馆只留了豆腐块大小的地方, 感觉像站队一样, 表态自己的政治正确, 而这时这种政治正确又显得很无力和矫情。

戴锦华: 我现在想的是当同性恋婚姻成为合法以后, 那么还在什么意义上是 queer [奇怪的, 反常的]?

向京: 对。把异常日常化、合法化之后, 什么是异常?

戴锦华: 当然同性恋群体会说他们的现实仍然是受到排斥的, 仍然是受到歧视, 遭遇很多很多困难的, 但是如果我们不面临着一个灾变, 不面临全球法西斯主义的兴起, 我们就会慢慢接受同性夫妻、同性家庭、同性婚姻, 这些就会变得非常日常, 他们便成了正常而不是异常, 在这个意义上说, 我们怎么重新处理比如说女性的问题?

大概在这个意义上, 我们看看性别议题可不可能携带一些真问题。我觉得有可能携带一些真问题, 但是从另外一个角度上说, 确实不知道我期待着什么, 这对我来说是更大的问题。我是期待大家去体认大时代? 或者是大家去投身大时代? 大家的选择建构大时代? 还是我根本不希望大时代降临？如果我不希望大时代降临，我看到了什么可能性，是可以阻止大时代再一次降临到我们的身边，迫使我们每个人必须面对？在这个意义上，我完全没有答案。

*

王小雨："全裸"系列跟之前的《你的身体》完全不一样，好像又跨越了一个阶段。

向京："全裸"很明确地超越了所谓的女性话题，它跟性别政治毫无关系。同时，它与"保持沉默"系列有强烈的气质上的不同，挑衅性消失了，转而进入一个更加自在、自省、关闭的状态。比如《一百个人演奏你？还是一个人？》，这是一个裸体群像，她们一律背对着观众，形成了一个封闭的形态，尽管裸体本身的属性是敞开式的。

现在回看这些作品，我觉得"全裸"营造了一个单性的世界，正因为不存在性别对抗的属性，这个世界既可以关联女性，也可以关联男性，它关注的是一般人性，这样一个角度和深度恰恰是我那批作品的价值。我非常高兴能在这样一种形态下对女性身份这个话题画上句号，也不是说我找到了答案，只是在漫长的求解过程当中，突然发现这个东西已经被抛在身后了。

王小雨：女性这个属性其实不一定跟生理的限定绑在一起，一些男艺术家的创作也会被认为是女性的，比如乔伊斯。

向京：每个创作者的问题不同，一般人性才是更复杂、更深邃的命题，我们往往借由很多话题去追索那些终极的答案。

过去较之当下更容易让人看清楚。目前我又开始了一个新阶段，我对其充满了好奇，因为好像一个另外的世界突然被打开了，可能性非常多，最主要的是思维方式完全不同了。以前我的创作还是从个体的问题当中生发出来的，如果有能力抛开经验性的个体问题去思考，去找到新的语言，我想这应该是更高级的功课了。

王小雨：从经验性进入一个更超越性的层面，这个过渡是不是就促成了您后来的这个展览 ["这个世界会好吗？"，北京今日美术馆，2011]？

向京：我希望是。艺术不仅仅是简单的一个思考，它需要很多的转换才能最终成形，这种转换其实特别复杂，需要面对的问题特别多。比方说话题本身、问题本身，包括你观察的角度、你思考的支点在哪里，还有就是艺术语言本身，你用什么手段、材料等等，这些都会变成非常难缠的问题。我只能在有限的时间内把有限的第一步走出来，我很确定我是用一个跟以往不同的思维去创作，我觉得这已经足够了。

王小雨：展览中"动物"那一部分非常令人感动。这些动物非常安详、平静地栖息着，是仿佛经历过一个终极的恐惧之后的那种平静，像是世界末日刚刚过去。

向京：动物有时候更能让人去思考人性和跟人有关的终极话题。有些朋友也表扬我说，"动物"系列很难得，因为我没做过几件超验性的作品。确实，我非常想超越思维的局限，至少我想用这个展览证明思维的一种转换是可能的，这个对我更有意义。

王小雨："动物"和"杂技"特别像两个平行的世界，"杂技"那个特别像人在世俗中的状态。

向京：两个都是隐喻性质的，像一个事物的里面、外面这么一个关系。"杂技"可以说是在影射人的社会属性，一个扮演的角色，时时处在一种关系或者权力结构的紧缚当中。我觉得人都是被塑造出来的，从小到大都在受到周遭事物的影响，就像杂技演员的身体，那种强度和柔韧性是经由残酷训练所得，没有人生来如此。还有那种用力扮演的感觉，与人在社会中的状态极为相像。我做杂技系列的时候想的是这些。在展览现场，我把杂技系列放置在一个巨大的舞台场景当中，观众走在那里面，既是一个观看者，同时也可以被置换成扮演者。

王小雨：会让人感同身受。

向京：每个人都觉得难受。尽管杂技演员面孔上堆满灿烂微笑，但你深知那只是表演性的表情，扭曲下的疼痛被遮蔽，这与人在社会中的境况如此类似。

王小雨："杂技"系列里面有一件让我印象深刻，是一个着紧身衣的男性，没有复杂的表演动作，只是垂手而立，面孔平和，像一个尘世中的隐修者 [《只有寂静能够维护寂静》，2011]。

向京：一种出离。我对表面现实从来不感兴趣，更多地在乎追究精神性的真相话题，所以如你所说，这种更具备精神性形态的角色，我做得更容易准确。包括"动物"系列也是在那样的状态里面，在动物的外表之下，你看到的是人性。"动物"系列做得相对顺畅，最初构想了很多，但最终只能完成那么几件。很多创作都像在诉说自己的秘密，因为我没做完，或者没时间做，所以就只能自己咽回去了。

*

阿克曼：我为什么这么喜欢你的作品？你的作品里面有灵魂——"灵魂"这个词也属于宗教意识，评价艺术没有比它更好的词。谈灵魂是太抽象。作品有灵魂意味着它表达一个跟巨大的、无限的"宇宙"联合在一起的自我。这种联合没法想出来，也没法设计出来。你的"女人"都有灵魂，你的"动物"也有。可是，你"杂技"的作品却缺少灵魂，更多是作为形式的实验。

向京：那是因为我想结构的是一个外化的人性，就是现代人灵魂缺失的状态。我为什么把"杂技"和"动物"放在一起？这就像一个外部一个内部一样，这是人性的两个属性。

阿克曼：这是理论。

向京："杂技"是我作为一个职业的艺术家试图结构的语言。当然未见得所有的尝试都是成功的，因为我走了一条很窄的路。

阿克曼：对，你是从灵魂的动力出发……

向京：几乎是本能。

*

阿克曼：依我看，艺术家和媒介的关系有两种危险：一个是对媒介太熟练，不考虑它了；另一个是太考虑它，媒介效果变成目的。两个态度好像是对立的，实际上是一样的：你脑袋里面有一种很具体的结果，达到了它就差不多了。我认识的艺术家很多在这个问题上遇到困难，要么太熟练了，要么太考虑媒介。你现在面临太熟练的危险吗？

向京：我恰恰是一直不太熟练。每一件作品都像重新上路，虽然看上去都差不多。

阿克曼：还是回到你的"杂技"系列，你不觉得这是一种熟练吗？

向京："杂技"所用的方法我恰恰不擅长，只是证明我的不熟练。我是对语法感兴趣，注意力跑偏了。"杂技"做出来确实收获了很多批评。明眼人都可以看到我的长处在哪里，我一直是很本能的艺术家，有一天我反映出的不是这样的气质的话，很容易被看出来。但是我觉得这种尝试对我很有帮助。

阿克曼：尝试新形式是有意思，可是我认为不是一条抵达目的地的大道。

向京：这个设定取决于当时的一个命题，我想要面对人性去向的问题。今天世界的方向越来越外化，这种外化的方向是对人性的异化，一种扭曲。我怀疑这样的方向。

阿克曼：这是观念。

向京：是观念，但是我不可以表达观点吗？

阿克曼：可以表达观点，但是马上也显现出来观念的局限——没有灵魂。

向京：这是阶段性的工作，阶段性命题。如果我只是循着一条路在走，不出错，又有什么成长可言？人性就是在限制你，每个人都在自己的狭隘性里挣扎。

阿克曼：对艺术家来说，自己的限制再窄也要包含"宇宙"的广阔无限。你的"女人"是这样。

向京：有些命题为什么能构成一个永恒的命题——我是谁？我从哪里来？我到哪里去？只要有人在，这个命题不会终结。

阿克曼：你可以在一条很窄的路上继续走，继续问这些问题，没有必要扩大你的形式语言或者增加你的命题什么的。这并不重要，重要的是，不要因为太熟练而重复自己。

向京：我接受你的批评。

*

王小雨：这个展览［"这个世界会好吗？"］结束之后，您目前最大的困扰是什么？

向京：没有什么特别的，我永远的困扰是到底做不做艺术，活着还是不活着，差不多是这样。我有时候对艺术家身份很厌倦。创作中会经受身体上的劳累、做不出来的折磨，同时也有一刹那的愉悦和快感，这些东西在一个创作者生涯中是并存的。其实这还是一种快乐，你活着能有这样一种思考，能有这样一种过程，其实蛮幸福的。

我们和世界的关系往往在观看中发生，观看的角度偏移了，新的关系就建立了，从中我们也能找到自己的坐标。对我来说，创作的历程就是我和世界建立关系的很好的方式，新的视角帮助我建构新的认知。

*

陈嘉映：有个年轻朋友推荐《生活》杂志来采访我，题目叫什么不记得了，大致是"隐居与高雅"。我说这个题目采访我特别不合适，我风雅的生活没过过，看都没怎么看见过。后来采访过程中，我说我早就说过，我们是属于那种为风雅人进行生产的，我说贝多芬不风雅——这个我们都知道——但是听贝多芬的很风雅。

向京：我们属于生产力。很多人都会有这种误会和想象，把艺术家的生活和艺术混在一起，就是把做工作的人和那个工作本身连在一起，生产者其实就是个劳动者。

陈嘉映：对，这个真的不是说说，而是有体会。有时去参加某些"社交界"的活动，他读你的书，会把你当作一个风雅的人，也是一个社交人，但你知道你不是，你写书，埋头工作。

向京：一点没情趣。

陈嘉映：对。实际上，刚才你说劳动者或者生产者，一个生产者一旦入了风雅圈，生产力就大大下降。如果他习惯了这种圈子，那他作为生产者就基本上没什么用了。

向京：这个我觉得在艺术圈特别明显，因为艺术家在非常短的时间里被纳入所谓的成功人士这样一个层面上，所以大部分人在这个当中如果没有一点点定力，基本上马上就变成一个"风雅"的人。

陈嘉映：是，这我没经验，但是有观察。

向京：所以有的时候我会觉得支持你走下去的，还是价值观。就是当你把所谓的成功当成希望自己慢慢进入更高的层次，把这个当成价值所在的话，可能那个根本的东西不是创作本身，创作本身只是支持、印证这个价值观，而其他附带的东西你会觉得打扰你或者困扰你，并不会给你带来太多快乐。

陈嘉映：对，这个还跟一些社会情况有关系。像18世纪的欧洲，社交界主要是贵族的圈子，但它跟艺术、思想的劳动者关系密切，它本身的水准也高，所以社交界的影响不至于太负面。比如说歌德，他两边都跨着，一方面他是一个社交人，但是另外一方面他始终是个生产者，生产力一直保持得很好。

向京：歌德太完美了。

陈嘉映：当然也分人，像贝多芬永远不适合在那种圈子里，他的灵魂状态就是那么一种。

向京：有这样一类艺术家，永远不能进入。

陈嘉映：今天的情况尤其如此，精神劳动者在社会中更边缘了，所以我也有点理解阿坚他们那种想法，就是说一旦进入成功人士的圈子，你就差不多完了。

向京：我没什么接触，您的周围比较年轻的、愿意做学问思考一些问题的人多吗？

陈嘉映："林子大了，什么鸟都有"，这本来是坏话，但是我老当好话在说。因为我教哲学嘛，很多人都会问我，你教哲学，还有年轻人听这东西吗？我就回答这个。中国那么大，稀奇古怪的人即使比例很小，绝对数字也不算小。

　　但是，的确有两个问题。一个，你只是愿意做还不够，你最好还有优秀的能力。我们知道，年轻人都有点理想主义，但是有可能他的力量不足以支持他走很远。社会的整体状况是，有些专业被认为更有前途，比如 IT 或者金融之类的，如果孩子各方面都很优秀，小小年纪就被引到这些专业上去了，如果他本性是爱好思想、艺术的人，我觉得也挺惋惜的。

　　还有一个就是你讲的——这个对他们来说比对我们压力更大——对社会的关怀。你想一个年轻人放着好好能挣钱的路不去走，他非要走什么艺术的路、哲学的路，这种人都比较善感，在这样的一个社会状况下，就特别容易对社会不公、阶级分化、权力膨胀什么的感受得多。这种敏感对我们来说也很困扰，但我们好像还能够闭上眼睛回到自己的工作上来。可当他还没有一个工作可以回去，无论对艺术还是对哲学，他是刚刚感兴趣，还没有什么具体要做的事儿，所以就特别扰乱。至少我们年轻的时候，不管三七二十一，觉得做这个就是最好的，我们已经做起来了。我们那么投入自己的工作，还时不时怀疑自己，他们那种怀疑可能就更深了，他刚开始干，就想，这个对吗？好吗？应该这样干吗？那就很难做得好。而这些事情，麻木不仁的年轻人更做不来。

向京：真矛盾。

陈嘉映：是啊。单讲我们哲学的这个小行当，现在已经是很小很小的一个行当了，有的人可能就是做些技术性的东西，做得挺好的，拿到很高的学位，出国留学，然后回来当教授。东西做得挺好的，有些工作也是学术上需要的，但若无关精神关怀和精神力量，我觉得意思也不是特别大。像陈寅恪、章太炎那些人，精神关怀是很厚重、很博大的，虽然他不会整天就谈这个，他们做学术，学术上做得特别好，但肯定不是那种对现实世界不关怀的。

*

向京：其实没有人能够面对真正的真实。包括我在做的就是主观性很强烈的东西，要不然我可能会搞纪实摄影，或者我真的走到生活里面去，完全改变我的生活，去接触那些普通的人，真实世界的残酷肯定要比我这个东西震撼一万倍，但是我只能通过自身去看待这个世界。可能自己敏感，已经把自己关在一个什么东西里面了，还努力想着只认识自己看得到的、愿意接受的这一部分，其实已经排斥了太多东西在门外，因为你其实是不够坚强的，其实你是足够脆弱的。

林白：正是因为你脆弱、你敏感，然后你才能产生这样的艺术、这样的作品。如果你坚强一点可能就是另外一种作品了。所有的女人都是那种受伤害的、惊恐的、有种莫名的什么东西在里头的，都是这样的，你看这种作品它确实不是一种内心很坚强的东西。

向京：所以我觉得我不能说我做东西很真实，因为我没有这种勇气去面对真正的真实，我只能说我能面对自己的存在已经够不容易了。可能从这一两年，或者从今年[2005年]开始，我刚刚能接受自己的身体，包括自己身体的一个状况，比方说皱纹，一照镜子这么难看。

林白：我原来也是有点怕老，但是越老越不怕。

向京：其实人是在不停地接受、接受、接受。

*

阿克曼：你怕老是怕死吗？

向京：我怕失去能量。我本来就不是活着很有理由的人，到老了以后能量在消失中，更没办法面对生命，难以承受。我现在意识到也许智慧在慢慢地增加，看世界的方式和角度会慢慢不同，我是这么想象的，也许那样的"老"还挺有魅力的。首先是一直能够做事情，这个是必须的。

阿克曼：对，做事情是唯一保持活力的方式。

向京：你能有充分的理由和激情在做事情。你始终能行动，能证明还活着，可以面对"生"这个问题，如果你没有办法再有理由或者有激情地行动的话，这个生命就到尽头了。

阿克曼：我觉得你不用太害怕变老。起码我的经验是这样，到了我这个年龄回顾，你会发现耽误了好多事情，没有做应该做的事情，可是慢慢却发展成对自己生活的满足。我经历过我爸妈的死，特别是我妈，九十多岁，她死得很满足，我突然就明白了这个道埋，她想走，因为她满足了。

向京：很圆满。

阿克曼：对，这不是勉强，是骨子里的东西。

向京：很难得。

阿克曼：这种满足好像被上帝抱着。当然也有另外一种可能，有的人死得很惨。只要你不得很严重的病，而是真正地生活到最后一段，你心里会有这种满足感，是真的满意，够了，现在可以走了。

向京：我现在已经满意了，哈哈。我觉得"死"这个事情不是自己决定的，这个对我来说始终是一个命题，生和死我觉得是一个问题，核心的问题。

*

朱朱：平常你爱说"老灵魂"，你是用它来指……？

向京：前两天终于看了《非诚勿扰2》，大家都假装步履轻盈妙语连珠，每个人性都隐藏着不可告人的黑洞，面对死亡，估计人们都期望像香山那样，在丧失生的尊严之前完成那还优美的纵身一跳。知生死的都可以叫"老灵魂"了。我还是觉得艺术要有社会担当，不能完全在自我里面，否则是个空虚，仪式感、俏皮话、刻薄话、愤青都是个空虚，说服不了自己，还是要无恙地绽开一个足够灿烂由衷的笑容，积极的笑容。

很多东西还和想象有关，我希望艺术是可以显现精神世界的方式，建造一些超出我们经验的事会很有意思，也很难。我讨厌自己思考的状态，去年 [2009 年] 年底一段时间停下来，就是觉得自己傻，人一思考，就离神很远，还是要有神力才能搞艺术啊！所以这个真要慢慢试，不是用脑子能解决的问题。

代后记：告别

编者：我今天看了您去年［2021 年］接受采访的那个视频，您在那个采访里提到，您一直觉得自己是一个对人、对人性这么感兴趣的人，但是后来觉得，其实并不了解真实的人，也提到以前思考的一些问题的虚妄性，等等，这些促使您现在有了一个转变。

向京：节目面对的受众是普通大众，很多问题也说不深，他们在选择谈话部分的时候也会选择相对比较易懂的，所以其实并没有完整地说清楚整个转变。当时还是处在一个特别茫然的状态，现在我的新的认知角度应该建构得好了一点。我也不是要否定前面二十多年的工作，只不过在那些工作里我有点过于着迷那种形而上的问题。我一直强调所谓做作品不过是为意识赋形，我的作品无非是把我脑子里的东西怎么样去物化，把它用一种视觉化的语言、雕塑的载体去呈现。

编者：之前您的访谈里也提到另外一点，您做作品是一个物证。

向京：我也不是为了要证明我思考过了。就跟笛卡尔那个"我思故我在"似的，我以前太站在那种灵肉二元对立的立场上，我总觉得对于一个所谓的存在，它的意义不在肉身显现的部分，而在由你的思考或者意识活动所构成的精神实质，那是人存在的真实形态。这是我长期以来的执念。从这个角度，我太迷恋这种形而上的思考的过程，追逐这种由思考带来的内在性实质。戴锦华老师给我写的那篇文章的标题就叫作"语言之内，历史之外"，她觉得我就像一个不怎么在时代风云背景里的创作者。今天我换了一个生活状况或者工作状况，再去看过去的工作，就理解了她的那个视角。

编者：她跟您的对谈里好像也提到了类似的说法，就觉得您是"完全抽离"的。

向京：这也是我的工作习惯、工作方式的问题。为什么当时我比较决绝地不做就不做了？做雕塑不是什么问题，包括一个人是不是持续地用一种介质去创作，这些对我来说都不是问题，一直做下去不是什么难以面对的事。我是比较自省我的这种思维形态，以及雕塑这么一个介质——它其实太固化我的生活形态。你的生活形态被固定在工作室，你并不经常地去接触所谓的真实的生活，其实对一个人的认知来说还是挺有问题的，后来我不做了，等于是从思维定式，也是从各种名利里跳脱出来。那个视频采访我的那时候[2020年]其实正好处于很长的一段迷茫期，而现在的状态是比较稳定的。

编者：具体促使您开始这种反思的原因是什么呢？跟现在的外部环境有关系吗？毕竟过去二十多年都是在那样一个状态下延续的。

向京：肯定是内因外因都有吧。疫情是一个比较突发的事情，确实改变了太多东西，但是这种改变其实是在疫情前已经开始了，只不过疫情以一种非常极端的方式，让整个环境有了一个很大的扭曲。

其实世界在疫情前已经处在一个很大的不确定性当中了，我觉得这个跟互联网、政治格局的变化是有关系的。还不仅仅是中国自己，全世界都面临着第一个全球化的落幕，迎来了在持续增长和进步后的颓势和失序。疫情则带来了太多的撕裂和对立，包括最近的俄乌战争，局势来回反转，事件接踵而至，每出一个事情，就会出现两个水火不容的阵营，中间地带变得越来越窄，或者越来越没有声音。特朗普当美国总统的那段时间，开始觉得很荒谬，但是后来你会发现，这些表征都在不断说明，一种根本性的转变就这样到来了。这种撕裂并没有因为双方观点特别鲜明和对立而变得清晰，反而是让世界一下子沉入一个巨大的不确定性当中。

新格局里最早倒塌的是媒体行业，而长时间霸屏的精英人群忽然间失去了阵地。这种失序我觉得对于知识精英这类过去站在话语权制高点上的人来说，有着一个巨大的失落。因为这样一个时代的到来，从某种表征上，可以说是这个阶层逐渐丧失阵地，逐渐丧失话语权的过程。

我以前基本倾向知识精英的立场，所以一开始有很大的迷茫，慢慢我发现这确实也是今天这样一种文化带给我们的一种反思。这种知识精英的失语不仅仅是谁篡了你的权，而确实是我们曾经坚信的、牢牢掌握的一种知识体系以及对世界确凿的一种认知，特别是一种普世的理想，在某种巨大的现实面前，变得有点不对劲儿了。我觉得这肯定不是一个人两个人的感受和看法，而可能是全世界范围知识分子的一个共同体感吧。所以这个时候除非你乐于在台上表演——当然很多人也在舞台上表演的过程中被乱棒打倒——我想你必须看到这种变化，并且在这种变化之中，多少还是要做一些反思。

我知道知识精英习惯做"代言"，但是我们曾经的那种知识体系或者思考，是不是真的对应了我们所身处的这个时代、我们的现场，是不是能够解决我们面临的问题，我现在一点都不确定。而那些曾经建构的乌托邦，是否就是理想？所以当巨大的变革——不管是天灾还是人祸——到来的时候，一整套话语编织的那个世界，或者那个理想，不对应，也无法解决我们所身处的这个时代很多非常具体的问题，以至于它和大众之间产生了很大一个间隙，这也非常正常。

我现在看到有些人像我以前一样，好像在一个透明的玻璃瓶里面，一方面好像在看着这个世界，但另一方面跟这个世界没有接触点，然后又因为隔着一个东西，从某种角度讲，自我是安全的，他是在一个安全的距离和一个安全的位置上去看这样一个世界，我不由得质疑这种立场和角度。所以我愿意停下工作，想要重塑一种观看的视角。这种说法好像还是肉麻了一点，但这个东西对我来说好像确实变得非常急迫，以至于这种急迫远远超出了我想要表达的那种欲望——我长时间是在使劲表达、不管不顾地表达这样一个形态里。我不是说我真的失语，而是说我对我将要说出的所有的话都深表怀疑。很多时候我看很多在表达的人——我不是指所有人——我会觉得，他们是真的有观点吗？或者真的自信于自己的表达？还是说仅仅是一种表演？我对于表演非常反感，非常厌恶。所以我总是在审视，我不要成为这样的人。

编者：但是不是还有一种人，他其实没有意识到自己在表演，或者说他没有意识到自己的虚妄性或者限制，甚至他还觉得自己很真诚？

向京：那就是说他根本没有意识到这个时代有如此巨大的变化，他还握着自己所认为的那个武器，还在那儿厮杀，那就是他的认知问题了。这个时代能给你带来一个多大的体感啊，你感受不到吗？我也算这么大岁数了，也经历了各种各样精彩的时代，但我觉得今天这个时代给你带来的体感太具体、太强烈了。互联网的信息量也大得惊人，根本消耗不掉，都来不及做一个筛选和分析，但是它每天都把你的情绪扔上来抛下去的，我们辨别真相和事实，都不会因为信息量的增加而变得容易。我说的所有这些，更多在一个自我反思的层面。

我们所享受的时代的红利，已经让我们很长一段时间是在一个相对和平、增长、富足、收获的逻辑里，世界慢慢地进入了一个拐点，你会发现灾难变得多了，不可思议的事情变得多了，这个时候你曾经建构的很多理想也好，标准也好，秩序也好，好像都在坍塌，那你还觉得那个理想、那个标准、那个秩序是对的吗？我不那么自信。

编者：我从自己的角度理解这个问题。我在疫情的时候看的一本数学史的书，名字就叫"确定性的丧失"，我感觉这个书名应该会引起很多人的共鸣。但是确定性丧失之后呢？因为我感觉人天生就需要一种确定的东西，从我自己来说，可能我现在觉得把自己的工作做好，把身边的人照顾好，哪怕只编辑了一本书，做了一顿饭，都可以提供一种切实的感觉，它某种程度上是对确定性渴望的一种弥补。前面您提到那个视频采访的时候您还处在一个困惑的阶段，现在这个新的认知视角建构得更好了一些，您具体是怎么应对这种确定性的丧失的呢？

向京：可能跟你那个方法差不多吧，就是通过很具体的我身边的一些事情。因为太大的一个东西确实是需要时间去建构的，你也不能说你没有那样的一个观点和视野，只是说从身边的事情、身边的人开始，确实有一种切实感吧。真的很具体，具体到一些家庭琐事。

我现在生活在宋庄嘛，它真的就是中国社会的一个浓缩，像微缩景观一样的，里面充满了各种各样的人物和故事，没有一天是固定不变的。我所说的不确定性在这儿就变成了一幕幕景观一样，轮番呈现在你眼前。有的时候可能是很小的变化，有的时候可能一夜之间拆一大片，一栋巨大的楼可能就没了，第二天你再去看，一片瓦砾，再过一天已经是平平整整的一块地，太离奇了。我也不能叫记录吧，好像就是在旁边看着，确凿地知道自己在场，这些东西因为就发生在你身边，直接就带给你一种体感。

我以前明确持灵肉二元对立这样一种观点，但是今天我突然意识到，身体它自身已经是一个命题了，所以我在2019年做了我最后一件雕塑——一只章鱼 [《降临》, 2019]，对我来说，就是想做一个大器官、一个身体的命题。今天除了我们能够去看到、听到、感受到这一切，我们已经不能够再去在那上面附加什么了，时代大于个体，大于艺术。你聚焦在我们身边的这些事情和这些变化，才感觉对应到作为一个当代人所应该面对的那个巨大的命题。

我有时候真的有一种羞耻感，就是作为一个创作者，在今天这个时代，你有源源不断的红利，这个红利常常是建立在这个文化或者你所处的国家遭受的灾难和不幸之上，这个真的很让人心情复杂。有时面对圈子里一些作品和事件，大家习惯从学术的角度去评价。我觉得艺术不站在任何的道德制高点上，它没有任何的优越性，艺术和艺术家都没有这特权——你首先是一个人，其次才是艺术家。就活在当下，面对一个巨大的灾难或者大是大非，首要的是作为一个人的反应。不管是为人还是做事，我都难以接受这个世界会给艺术家群体这样的特权，去利用不幸成全自己。除了羞耻，我没有其他感觉！就好像你是特殊人群，你可以占有这些红利，拿着这些苦难，拿着这些不幸，作为素材。

有种说法，觉得艺术家不发声，是不负担社会责任。确实艺术史上有很多例子，明星用自己的影响力去发声，去传播正向价值。首先，你先得有这样的名声吧？其次，曾经那个造神的时代已经过去了，今天，我觉得我们首先是普通人，人人都是普通人——这要谢谢互联网，把一个个凡人推上神坛又拉下神坛——就是一个随时会被不幸、灾难击倒的普通人。所以首先作为普通人，我从来不愿贩卖跟我个人相关的不幸，其次我觉得作为普通人你也不可以拿着别人的灾难和不幸去做文章，去表演——以艺术的名义，这都是我非常讨厌的。

所以在今天这个轰然到来的大时代，我对艺术这个事情本身都产生了很大的怀疑和疑惑。别人说你拍了一个纪录片，我说不不不，我就是玩嘛，拿着一个摄像机，就像你身上多了一个器官，多了一个外设一样。如果我只是在那儿生活着，可能还不足以让我建构一些认知，但拿着这么一个家伙事儿，就好像多了一双眼睛，多了一种观察的方式，或者你跟世界之间有了这么一个介质，因为这个介质而产生了某种关系，而这种关系又让我觉得很安慰。

当然我也知道太多时候我的一种观察和介入都非常肤浅，非常有限，并没有任何挑战和突破。人这种动物永远都是趋利避害的，尤其面对这种巨大的是非、巨大的灾难、巨大的时代，重重重压之下，我会去反思自己为何如此地怯懦，并不具备我本来以为应该具备的勇气。反正我始终没有办法理直气壮地站在道德和正义的角度，去做任何这种公开表演。我首先深刻地怀疑任何在这样一个机制下所表现出来的勇气。这个时候，才能说我如何去确立基本的立场。

编者：刚刚说到艺术的事情，之前您的这些访谈里有很多地方讲到了当代艺术的问题，这个也是我一直觉得很困惑的地方，就是当代艺术越来越观念化，变成了一个个的点子，艺术家成了点子贩卖者，抖机灵、拍脑门式的创作越来越多，而且很多最有名、最具影响力、最受追捧的艺术家的作品都是如此，给年轻人或者大众一个引导，就是觉得原来这就是艺术啊。我从您的对谈里读到两点对于这个问题的回应。一个是您自己的创作拒绝这种观念性的阐释，更强调作品的可感知性，您希望让观者"感到"而不是"知道"。比如您提到皮娜·鲍什的表演给您带来的感动，您希望做一件看了让人闭嘴的作品，还有您对于故事性、结构性的强调，等等。另外一个回应是戴锦华老师提到的，就是在这种环境下，真正的艺术家仍然可以以某种形式完成自己的签名。我想知道您现在对于这个问题的看法，是不是当代艺术的这种趋势会越来越明显？

然后我自己感觉这里还有一个媒介的问题，就是我们会觉得，艺术作为一种媒介，与文字媒介是不一样的，如果我们想表达某种或批判或有趣的观念，用文字是最有效的方式，如果我们选择艺术，它就不应该是以传达观念为目的。可是，随着多媒体文化的兴起，事情好像在起变化，一方面，很多人不再依靠或者不再耐烦通过文字获得信息，另一方面，艺术作为媒介反倒更容易引起争议、被人利用。所以我一直想不太清楚这个问题，我们对艺术的那种宏大、深刻或者可感知而不可言说的要求是不是越来越不合时宜？甚至这种要求将来是不是会成为历史上的反动派，因其腐朽和顽固不化而受到批判？

向京：我觉得你这个问题里其实包含好几个层面。首先艺术原本属于一个挺小的生态，非常的圈子化，很多时候圈子里面要看一个人的工作，基本上能在一个相对有共识的语境里面有个判断。尤其是当代艺术，它还是有一定的方法论的，所以基本上它的语法，它的观念，只要是在圈子里面长时间工作，你基本上能够看得明白，孰高孰低，以及哪种东西有它的时间价值、历史价值。有些专业知识确实是跟普通观众有距离的，尤其是当代艺术，因为当代艺术的诞生，是带着巨大的实验色彩，所以很多时候一定是在大众认知的前端，它有很强的先验性和实验性，去打破一种旧有秩序。而我们看到的当代艺术都是现在进行时，很多东西可能不是很完善，艺术家或者某些阶段的作品只是为了打破当时的某种规则，它只是在尝试的过程当中。所以这种东西依然具备价值，它的意义可能在于开了一个先河，这样后来的艺术家可以在这个基础上把这个线索发展下去，在行内你比较了解这样一个历史脉络和发展逻辑，你就能够拥有一种判断标准。但是从一个更长的历史去看，有些东西可能确实会被淹没在时间里面，不再具备任何价值。这是一个层面。

另外一个层面，抛开所谓的艺术，今天这个时代，不管你做任何事情，它给你带来很大的一个变化，就是传播带来的变化。我真的是花了很长的时间才适应这个传播的时代。你就感觉，这个时代好像只有被传播的东西才有效，不被传播的东西就完全失效了。艺术很容易丧失圈子的保温，直接被抛到社会层面，那这个逻辑就不会是艺术生态里的那个单一逻辑了。我们被教育的过程当中，有太多的故事告诉我们，很多东西即便在那个时代不被认知，在未来它都会有它的一个价值。但是今天你会发现这样的时间差会越来越小，以至于很多时候都快为零了。当然我们都是肉眼凡胎，过了一百年之后，未来的人重新认定、判断今天这个时代的成果，可能就带着另外一种眼光，我们也没法知道。但今天这个传播所带来的改变，很多东西被遮蔽、被时间的灰尘淹没，真的就是一瞬间，所以在今天你更难去找到我们过往从书本里看到的那种永恒的价值。艺术生态被打破，确实很难再去构建那种东西，至少在类似艺术这样一种工作里面，你会发现离永恒越来越远。我也不知道这是幸运还是不幸，这种变化某种角度讲也挺致命的，意味着艺术所追求的，不再是探索和生命本质有关的命题，而在乎就地生效。

就像我刚刚讲的，当代艺术是带着一个巨大的叛逆基因来的，它的诞生很大一个理由就在于我们要打破一个旧有秩序，但是当代艺术也是最早、最快被资本打败，和资本勾连的一种艺术形态。在过往的古典主义时期，我们讲到的很多大师，不过是被贵族豢养的；或者在现代主义时代，有梵高、高更这样的传奇故事；但是在今天，当代艺术家好像一方面要去表演叛逆，另外一方面又会特别快地去犬儒，去和资本联盟，他好像一旦踏入社会，直接被逼得卖身了，变得完全适应消费社会的商业逻辑了。甚至我看到更年轻的一代代人，商业逻辑完全是内化的，他创作的初衷就不是为了叛逆，而恰恰是为了顺应商业秩序、消费逻辑。你所说的宏大深刻都不再是艺术家的使命了，其实我也挺不解的，除非今天又建立了一个崭新的艺术商业论，有一套完整的理论体系去支持这样的一种艺术形态，否则的话我确实很难去界定很多现在所谓成功的艺术以及成功的范式，它们的价值究竟是什么。

编者：其实可能在各个领域都有这样的趋势。您刚刚提到传播的问题，好像越是极端、越是迎合受众、越是借艺术来表演的东西越容易得到传播，会不会这才是历史的主流？

向京：我也没法回答这个问题。我觉得一个人如果能够成为创作者，首先他肯定是有一个基本的独立思考的能力和愿望，总归我还是比较批判这种完全顺应消费逻辑进行的一种工作，除非你本来就想做一个商人，只不过你贩卖的商品是跟艺术有关的一个东西。

我 2017 年底在龙美术馆做我最大的一个展览，因为那是一个三千多平方米的大空间，摆满了我的作品，当时我在那里面流连忘返，一方面是跟我自己的工作做一个非常隆重的告别仪式，另一方面——我当时那种感觉特强烈，太有隐喻性了——它特别像跟一个理想化的过往的时代，一个对于我的创作来说特别美好的时代告别的仪式。在那之前我在北京的民生美术馆做过一个展览，做完之后我觉得那个展览文本性太强了，比方说我把很多导览的文字满墙贴着，还做了语音，不断地暗示，不，是明示观众怎么看这个展览，怎么看这些作品，给你各种各样的解释、引导。但是后来我发现这种方式特别不展览，因为其实你剥夺了观众的体验。你一直强调你的艺术是可感的，但又没有给观众可感的空间，所以我要在龙美术馆做一个真正的展览。龙美术馆那个展览的名字叫"没有人替我看到"，这个"我"其实已经转换成了观者的那个"我"，因为创作、艺术这些东西其实带来的就是一种个人性，就是每个人意识到自己作为"我"这样的一个主体，我的感和我的知，这些东西在一个展览或者一个艺术形态里会被当成一个凸显的主体。所以我当时那个展览就制造了一个个场景，那种场景感就让你能够置身其中，给你一个"感"的氛围和空间，同时也给你一个"感"的时间段。它其实是在还原一种身体性，你的身体在这里面移动，这种场景的变化、作品尺寸的变化所带给你的身体感受，以及由此带来的每个个体的内观，才是那个展览真正的主体，而不是我的作品本身。你的这个"我"置身在那个现场里去感受，这个东西特别重要。

但是我在做展览的时候已经非常鲜明、痛苦地意识到，我特别坚信的、恨不能当成我一生艺术观的这种东西，其实在这样一个时代挺失效的。我觉得在这个时代，人们已经完全习惯那种浅消费了。人到场，但并不到达，他们来了，但是他们来了就是急于拍照，自拍，然后不断地向社交媒体汇报，此时此刻我在哪儿，我在干吗，而不是说把自我放在此刻的现场，面对这个东西。这真的就像我们今天活在这种网络媒介、社交媒体里面的一种状态。在不断地汇报我、我、我的时候，我觉得其实是一个自我丧失的过程，你的这个需求并不是自我需求，而完全是一个社交需求，就是所谓的刷存在感，不过是维护自我的一个人设而已。

我二十多年的时间里面都在研究所谓的自我，所谓的个体，这个"自我"并不是向京，而是在研究"个体"这个命题。因为我觉得人要能够观察、观看到自我，这个自我才真实存在，今天社交媒体的存在是一个虚假的存在。但这就是今天时代的一个形态，不是艺术变得肤浅了，而是在这样一个消费主义的逻辑里面，一切都被肤浅化、庸俗化了。这真的是一个不可逆的过程，然后在这个过程里，你所想要研究的这样一个命题、方向也不被真正关心。回过头来再说那些活跃在社交媒体上的艺术家，其实他们是跟这个时代的价值体系合拍的，相映成辉。

编者：挺想看看几十年后留下的会是什么样的作品。

向京：这个咱们只能说是"活久见"了，看咱们能活得多久，能看到什么。我有时看很多年轻小孩的那种成功形态和他们的艺术，也挺吃惊的，"这都可以？"但是你要是在那儿冥顽不化地看不惯年轻人，其实也是一种反动，某种角度讲也是一个问题，所以我一直在不停地看很多东西，理解很多东西。

编者：看之前的访谈，感觉您是一个对生死问题如此执着的艺术家，现在您怎么看待这个问题呢？

向京：当然生死是一个最大的命题嘛，可能这个命题才是最本质的。刚刚我们谈论的所有东西，艺术也好，成功也好，消费社会、这个主义、那个主义也好，到生死面前，一切都归零。

我以前老说自己是一个不怕死的人，说得再复杂一点，不是说不怕死，是接受这个东西。死是一个很重的事儿，是因为它是生的一面镜子，生和死是一体两面。你不认知死亡，也一定不能认知生命；你不充分认知生，也不会深刻理解死亡。

轻轻松松说出"死"这个事儿的时候，也是显得轻佻了，当我说我接受这个东西，也不代表我的勇气，只是说我对生命这个东西又好像多了一个层次的看法。我以前因为想死亡想得多了一点，现在清楚地意识到，应该好好面对生命本身，而且好好地活着。这话听着确实有点陈词滥

调，但我今天说出来，应该是包含很多内容的，我也不想
说太多了。

文献索引

1. 向京，林白：《个人主义的胜利》，《保持沉默——向京作品 2003—2005》，上海：文汇出版社，2005，150—159 页。

2. 向京，黄专：《被跨越的身体》，《全裸——向京 2006—2007》，北京：北京当代唐人艺术中心，2008，159—183 页。

3. 向京，尤永：《内向的世界》，《全裸——向京 2006—2007》，北京：北京当代唐人艺术中心，2008，34—59 页。

4. 向京，魏星：《正面全裸》，《全裸——向京 2006—2007》，香港：香港当代唐人艺术中心，2008，16—39 页。

5. 向京，杭春晓，王春辰，魏星，翟晶，吕旭峰：《向京的悖论》，《全裸——向京 2006—2007》，北京：北京当代唐人艺术中心，2008，214—253 页。

6. 向京，凯伦·史密斯：《大声说出来》，《全裸——向京 2006—2007》北京：北京当代唐人艺术中心，2008，110—116 页。

7. 向京，朱朱：《女性的自在》，《今天》2010 年冬季号（总 91 期），287—300 页。

8. 向京，陈嘉映：《这个世界会好吗？——陈嘉映、向京对谈录》，《这个世界会好吗？向京作品 2008—2011》，香港：中国今日美术馆出版社，2011。

9. 向京，王小雨：《和世界的关系》，《向京——寂静中心》，马德里：高玛吉画廊，2012，78—82 页。

10. 向京，赵川:《和向京的一次谈话》,《身体的角力——中国当代艺术与戏剧中的实验》,苏黎世:Transcript Verlag 出版社,2013,53—66 页。

11. 向京，颜亦谦:《皮肤下的灵魂》,《向京》,北京:中信出版社,2017,654—676 页。对话时间:2015 年 4 月。

12. 向京，郭晓彦:《一扇天窗让我们潜入真正的深渊》,《S——向京 2012—2016》,北京:中国民族摄影艺术出版社,2016,185—225 页。

13. 向京，阿克曼:《行走在一个无形无垠的宇宙里》,《向京》,北京:中信出版社,2017,603—631 页。

14. 向京、戴锦华对话,未发表,2017 年 7 月 28 日于北京,2018 年 2 月 21 日于上海。

15. 向京、周昀对话,未发表,2022 年 4 月 27 日。

扫码观看龙美术馆展览"没有人替我看到"现场视频
更多作品及相关资料:www.xiangjingart.com

主要作品

1. "三月四人展"（1995）

《葡萄酒》（1995）、《白日梦 Ⅱ 》（1995）、《白日梦 Ⅲ 》（1995）。

2. "我看到了幸福"系列（2002—2010）

《怀抱》（2010）、《对话》（2010）、《蝴蝶飞来》（2010）、《米少女》（2010）、《安全感 Ⅰ 》。

3. 前"镜像"时期（1998）

《空房间 Ⅱ 》（1998）、《侵袭》（1998）、《一杯冰水》（1998）。

4. "镜像"系列

《礼物 Ⅱ 》（2002）、《哈欠之后》（2000）、《这个女人！》（2001）、《禁闭》（2000）、《Baby Baby》（2001）、《尽头》（2000）、《Toy—泳者》（2000）、《冰凉的水》（2001）《浅水区》（2002）、《镜子里的女人——眼泪 Ⅰ 》（2002）、《镜子里的女人——眼泪 Ⅱ 》（2002）、《镜子里的女人——兔子不属于波依斯》（2002）、《镜子里的女人——夜生活》（2002）。

5. "保持沉默"系列

《白色的处女》（2002）《初潮的处女》（2005）《拿烟的处女》（2005）、

《长腿的处女》(2005)、《芳香的处女》(2005)、《果儿Ⅱ》(2005)、《到达的气味》(2005)、《校尉胡同的偶然事件》(2005)、《全黑》(2005)、《秘密》(2005)、《全黑的瞬间》(2005)、《秘密的瞬间》(2005)、《砰！Ⅱ》(2002)、《结局》(2003)、《滑落，嘀哒嘀哒》(2005)、《天堂》(2005)、《暗示——为了无双》(2005)、《你呢？》(2005)、《你的身体》(2005)。

6. "全裸"系列（2006—2008）

《一百个人演奏你？还是一个人？》(2007)、《我们》(2007)、《孔雀》(2007)、《预感》(2007)、《面孔》(2007)、《我22岁了，还没有月经》(2007)、《寂静中心》(2007)、《彩虹Ⅱ》(2006)、《敞开者》(2006)

7. "这个世界会好吗？"系列

《凡人——无限柱》(2011)、《凡人——三位一体》(2011)、《凡人——三人结》(2011)、《凡人——软体》(2011)、《凡人——只有寂静能维护寂静》(2011)、《凡人——也许我要求一切：每一次无尽沉坠的黑暗和每一次攀登的闪烁》(2011)、《凡人——只有镜子能梦见镜子》(2011)、《异境——白银时代》(2011)、《异境——唯岸是处》(2011)、《异境——先知》(2011)、《异境——不损兽》(2011)、《异境——彼处》(2011)、《异境——这个世界会好吗？》(2011)。

8. "S"系列

《一江春水向东流》(2014—2016)、《善待我们的忧郁，它是一只忠实的大狗》(2013—2016)、《被保护的孩子》(2015—2016)、《原创少女心》(2015—2016)、《追鱼》(2014—2016)、《芳香寸步》(2015—2016)、《自·在》(2013)、《S》(2013—2016)、《有限的上升》(2013—2016)、《右侧》(2015—2016)、《妆扮》(2015—2016)、《行舍》(2012)、《行嗔》(2015—2016)、《行形》(2015—2016)

《敞开者》, 2006

《彩虹（Ⅱ）》, 2006

《异境——白银时代》, 2011

《异境——唯岸是处》, 2011

《异境——先知》, 2011

《异境——不损兽》, 2011

《尽头》, 2002

《Toy—泳者》, 2002

《Baby Baby》, 2002

《一百个人演奏你？还是一个人？》, 2007

《我们》, 2007

《异境——这个世界会好吗？》, 2011

《预感》, 2007

《面孔》, 2007

《礼物（二）》, 2002

《哈欠之后》, 2002

《全黑的瞬间》，2005

《砰！（Ⅱ）》，2002

《秘密的瞬间》，2005

《全黑》，2005

《校尉胡同的偶然事件》，2005

《秘密》，2005

《凡人——只有寂静能维护寂静之三》，2005

《凡人——只有寂静能维护寂静之一》，2005

《凡人——我要求一切：每一次无尽沉坠的黑暗和每一次攀登的闪烁》，2005

《凡人——只有寂静能维护寂静之二》，2005

一江春水向东流》，2005

《长腿的处女》，2005

《芳香的处女》，2005

《果儿（二）》，2005

《凡人——三位一体》，2005

《凡人——无限柱》，2005

《初潮的处女》，2005

《拿烟的处女》，2005

《白色的处女》，2002

《到达的气味》，2005